JN092661

ダウン症児のおかあさんが
競争に疲れた保護者や先生方にお贈りする1冊

# 子どもたちはみんな 多様ななかで学びあう

わくわく育ちあいの会 代表

佐々木サミュエルズ 純子

アイエス・エヌ

# はじめに

　私は、今この原稿を自宅の居間でパソコンに向かって書いています。ふたりの子どもたち、ジェイミーとジョシュアは寝静まり、仕事で疲れた様子の夫スティーブが消えて行った寝室からは物音がしないので、バッタリ寝てしまったのかな。

　今から1年半ほど前のある日、出版社の社長さんからご連絡がきました。「書籍を出版していただきたく、ご相談にあがらせていただけませんか」というメッセージを読んだときは、「え？　ほんとにほんとに？　まさか人違いじゃないだろうか？」と正直思いました。そんなにたいして取り柄もなく、子育てにヒーヒー言ってバタバタしている人が本を書くとどうなる？　みたいなリアリティーショウのような本になるんじゃ……とあせったことを今思い出してもドキドキします。

　そして、あれから二度目の春がきて、この「はじめに」を書いている自分がいるのが不思議な感じがします。私は物書きではないし、どちらかといえば作文は苦手なほうで、こんなに長くかかってしまいました。小学生だった長男ジェイミーはもうすぐ中学2年生、小学4年生だった次男ジョシュアが6年生になります。

　私たちの長男ジェイミーはダウン症という先天性の特性をもって生ま

れてきました。生まれてきた当時は命をつなぐことが最優先でしたが、つながれた命を、私を含めた社会がどのように引き受けていくのかを、成長とともに考えるようになりました。大切な子ども、大切な人のために、よりよい世の中でありますようにと願い考えることは世界に生きる人たちに共通の気持ちではないでしょうか？

ところが、知的な成長がまわりと比べて大きく遅れているからでしょうか、小学校にあがるときに大きな壁にぶつかりました。自分たちが暮らす地域の学校から入学を拒まれているのではないかというような対応を受けたのです。私たち夫婦は、満6歳を迎えた子どもは、誰もが地域の小学校で学びはじめることを祝福されるものだと信じていました。しかし、現実にはそうではないと強く感じずにいられない数々の出来事に傷つきました。そして息子のような子どもの存在は疎んじられているのだと感じ、大変なショックを受けました。

何で普通に学校に行けないの？　でも、まわりに迷惑かけたくないし……。地域の学校に通い、みんなと一緒に学びたい気持ちと、特別支援学校へ行ったほうが迷惑がかからないんじゃないかと躊躇する気持ちの間で揺れに揺れ、悩みに悩みました。だから、今同じように迷っている保護者の方がいらっしゃれば、その気持ち、とてもよくわかります。

幸いにも、私たちのまわりには、みんなと一緒に普通学級で学ぶことを当たり前に思ってくれる人たちがたくさんいて、背中を押してくれ

ました。「幸いにも」と言ったのは、7年間、普通学級で学んで大正解だったからです。ジェイミーは中学生になった今も、字が書けません。自分の名前を言えるようになったのは小学校6年生の3学期。その他の言葉も現在獲得している最中です。それでも、まわりのいろんな友だちと一緒に学び、一緒に遊ぶことにはなんの問題もなく、スクスク、ノビノビと育ちました。そして、小学校の6年間を通して、私たち家族が出くわした問題は、障害のある子どもたちの問題にとどまらず、どんな子どもたちも巻き込む大きな問題だと気づくようになりました。

　この本の第1章から第4章は、私たち家族の歩みを通じて「教育」って何だろう？　という問いの答え探しの旅を続けているお話しです。（今回の出版に際して、出版社の社長さんと打ち合わせをさせていただいている最中にもどうやら私は「教育」って何なんだろうという？という言葉を何度も発していたようです）。
　本文中に、「ようこそオランダへ」というエッセーがでてきます。エミリー・パール・キングスレーという作家がダウン症の子どもを授かったことについて書いたものです。ダウン症の子どもを授かるということは、そうか、こういうことだったんだと妙に納得できるエッセー。面白い視点ですので、よかったら、ここだけでも立ち読みしてください（出版社さん、書店さんゴメンナサイ！）。本文の21ページです。

でも、「教育」という字面を見るとなんだかムズカシイし、マジメで堅苦しい感じがしますよね。いやいや自分は関係ないから、と思ったほうが楽なんですが、すべての人に関係のあることです。人生の場面場面のどこかで、必ずみんなが関わること。そして、誰かに与えてもらうものでもなく、ましてや、誰かにお任せすれば何とかなるものでもありません。何度も書きますが、すべての人に関係のあることだし「自分ごと」として考えてほしいなぁって思います。

　この本の後半は、旅の途中で出会った素敵な4人の方々との対談です。たくさんの知恵やご経験、それにたくさんの研究も積んでおられる有識者の方々です。皆さま全員、私にもわかるようにやさしくお話してくれています。快く対談を引き受けてくださり、このような機会を授けてくださった対談者の皆さま、そして、出版社の皆さまにこの場をお借りして改めて心より感謝を申し上げます。

　後半の対談を通して、読者の皆さまにもこの旅を一緒に楽しんでいただけたら、うれしいなと思います。不謹慎と叱られるかもしれませんが、私にとってこの対談はなんとも楽しくて最高に贅沢な時間だったのです。こんなに盛りだくさんで有意義なお話は、私だけが聞くのは本当にもったいない。多くの方々に読んでシェアしていただきたいと思います。

この本は子育て本でもマニュアル本でもありません。手に取った方がそれぞれ感じるところがあれば、そして「よりよい未来・教育って何？」とちょっと立ち止まって考えていただければ光栄です。

　ジェイミーのような子どもを授かったことで、そして、もちろん次男ジョシュアを授かったことでも、たくさんの人たちとめぐり合い、豊かな人生を歩ませてもらえているなぁと思います。

2022年3月1日

佐々木サミュエルズ　純子

▲ 左から長男のジェイミー、夫スティーブ、次男のジョシュア、
著者の佐々木サミュエルズ 純子 (2020年2月)

# もくじ

## ジェイミーの友だちに聞きました！

NHK Eテレ『バリバラ』コメンテーター

### 対談 1 玉木 幸則さん
×
佐々木サミュエルズ 純子

## 多くの国では、インクルーシブ教育が当たり前

対談 **2** 　｜　東京大学大学院教育学研究科教授
　　　　　**小国 喜弘**さん
　　　　　×
　　　　　佐々木サミュエルズ 純子

## 競争をあおる"人材教育"から人権保障教育へ

対談 **3** | ゆとりある教育を求め
全国の教育条件を調べる会事務局長
**山﨑 洋介**さん
×
佐々木サミュエルズ 純子

## いまの教育に圧倒的に足りないのは「人」と「お金」

対談 **4**　国連NGO
子どもの権利条約総合研究所研究員
**吉永 省三**さん
×
佐々木サミュエルズ 純子

## 「子どもの最善の利益」は、子どもの話を聴くことから

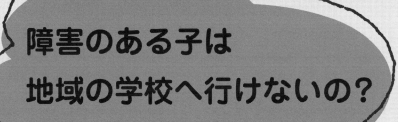

## 第1章

# 近くて遠い学校

## 小学校入学というハードル

　電話、こないなぁ……。

　息子のジェイミーの就学について相談するために、校区の小学校へ電話をしてから1週間になる。「いまちょっと忙しいので、後日こちらからかけ直します」と教頭先生に言われ、いつかいつかと待っていたが、いっこうに電話がこない。

　きっとお忙しいんだろうな。教頭先生って、学校で一番忙しい役職だと地元の「ダウン症児の親の会」の集まりで先輩ママたちが話していた。教頭先生は小学校の窓口だ、って。生徒の学習・生活面の指導、先生たちからの相談、PTAや地域とのコミュニケーション、教育委員会との連携、設備のメンテナンス、事故や事件が起こったときの対応など、学校内外のありとあらゆることが、教頭先生のもとに持ち込まれるのだそうだ。手間のかかる相談事を増やすのは申し訳ない気持ちは山々なのだが、今回の相談はジェイミーが安心して小学校生活を送るための最初のステップ。お忙しい時間を割いていただくことを心苦しく思うけ

れど、でも、何とかお話しさせてもらいたい。

　まさかとは思うけれど、拒まれたら悲しいなぁ。3年前にあからさま
に入所拒否された日のことが頭をよぎる。

　ジェイミーが3歳のとき、年少さんから入れる保育園探しをしていた
ときのことだ。何件か見学に行った保育園のひとつで、ジェイミーを指
さして「この子はうちの園では無理です」と言われたときのショックが
よみがえってきた。ベビーカーに乗せて連れて行った次男のジョシュア
を見て「このお子さんなら大丈夫」とまで言われ、言葉を失った。

　一緒に見学に行ったアメリカ人と日本人のご夫婦は、その対応を見
て「この園は絶対無理」と入園を希望しなかったし、うちももちろん希
望しなかったが、その園の責任者の方はまったく意に介さない様子だっ
た。その場はショックだったが、家に帰り子どもたちが寝付いたあと
で、怒りや悲しみが次々と湧いてきた。子どもとかかわる仕事をしてい
る人があんなふうに平気で言えるのは、どういう神経なんだろう？　自
分の子どもや孫がそういう対応をされても平気なのだろうか？　先進国
の日本で、この対応ってアリなんだろうか？

　ニュージーランド人の夫スティーブとの間に生まれた長男ジェイミー
には障害がある。ダウン症と診断されている。6歳になり、翌年2015年
の春には小学校入学を控えていた。

　選択肢は3つ。1つめは、校区の小学校に通い、通常学級で学ぶ。2
つめは、校区の小学校に通い、特別支援学級に籍を置く。3つめは、障
害のある子が通う特別支援学校に通う。

当時の私はそんな選択肢があることさえ知らなかった。ただ、幼稚園のお友だちと同じ地域の小学校へ通って、同じ教室で勉強して、あたりまえの日々を過ごしてほしいと思っていた。幼稚園では給食やお昼寝の時間にウロウロ歩き回ったり、癇癪を起こして友だちに噛みついてしまうこともあったが、先生たちのサポートや、やさしいお友だちに恵まれたこともあって、大きなトラブルなく幼稚園生活を送ることができた。だから、小学校でもサポートさえあれば、ほかの子と同じ教室で過ごすことは十分可能だと思えた。

　ただ親の目から見てもまだ赤ちゃんみたいにふにゃふにゃで、よちよち歩きのジェイミーは、自分で階段の上り下りもままならない。トイレも食事も介助が必要で安全に過ごすには、幼稚園と同様のサポートが必要だ。そのための手立てを、学校に一緒に考えてもらえたら心強いなと思っていた。

　でもうまくいくだろうか。以前住んでいたイギリスでは、いろんな人がいてそれが当たり前だったが、日本ではどうだろう？　不安な気持ちでいっぱいだった。いま思えば、そんな選択肢を突き付けられること自体がおかしかったのだが。本来なら誰でも地域の学校に行けるはずなのに。


　「年長組になったら、ゴールデンウィーク明けくらいに、学校へ相談に行ったほうがいいよ」と「ダウン症児の親の会」の先輩ママたちからアドバイスされていた。「加配の先生の手配とかあるから、早めに伝えておかないとね」と。加配の先生とは、定数で定められている先生（保育士さんだったり、教諭だったり）のほかに、追加で配置される支援の

先生たちのことだと教えてもらった。

「お母さんだけだと冷たくされるから、お父さんと一緒に行ってね」と言われたときは、結婚前に暮らしていたロンドンでは考えられない日本の実情に、"えらい国に帰ってきちゃったな"と目がテンになったが、時代遅れに思える日本社会に本当の意味で驚かされるのはその後のこととなる。


## ウェルカムでない⁉

約束の6月2日、夫と連れ立って小学校へ赴くと、放課後の教室に通された。温和そうな教頭先生を前に、私はジェイミーの生い立ちと、健康面を含めた現在の様子について説明した。幼稚園では手厚い支援を受けて、毎日楽しく生活できていること。運動会でも、先生や友だちに手を貸してもらいながら、リレーやダンスに参加できたこと。幼稚園で仲よくなった友だちと同じ小学校に通いたいこと。

「小学校でも加配の先生についていただければ、安心して学校生活を送れると思うんです。小学校では支援児童3人に対して1人の先生がつくこともあると聞きましたが、じっと座っていられないときもあるので、できれば1対1でお願いできないでしょうか」

「親御さんは心配ですよね。お気持ちはわかります。ただ、加配には市の規定があるので、現状以上の支援は依頼できないんですよ」

「でも、それでは目がゆきとどかないのではないでしょうか。ウロウロ立ち歩いたときに安全が守られるか、ほかのお子さんに迷惑をかけな

いか、心配です。たとえば、低学年の間だけでもせめて、子ども2人に1人の先生をつけていただけませんか？」

　教頭先生の穏やかな表情が、みるみる曇ってきた。
　「加配は定数が決まっているので、それ以上というのはなかなかね……」
　「子どもの状況によって、必要であれば依頼していただけないのでしょうか？」
　「教育委員会に依頼しても、実現は難しいとわかっているので。先生の確保に手間がかかるし、予算の問題もありますし」
　物腰こそやわらかだが、難しいという現実をていねいに説明してくださるばかりで、ではどうやったらジェイミーが安心して学校に通えるのか、という話になりそうな気配がないので、私は焦ってきた。
　四角四面な日本の学校ではイレギュラーな希望が受け入れられにくいことはわかっている。だから相談に来たのになぁ。ジェイミーがケガをしても、まわりの子たちにケガをさせてしまっても困るから、低学年のうちはとくに1対1の加配が必要なことを何とかわかってほしい。大人が近くにいて、ちょっと目配りしてくれさえすれば生活できるのだ、今だって。
　「幼稚園では加配の先生のサポートをいただいて、うまくやれているんですけど」
　「小学校は幼稚園とはちがいますからね……」

　「ジュンコ、大丈夫？　彼、なんて言ってるの？」

　日本語がわからないなりに、雲行きがあやしいのを察したスティーブが、気づかわしげに尋ねてきた。広々とした緑のなかに建つニュージーランドの学校で子ども時代を過ごしてきたスティーブは、日本の学校のコンクリート造りの建物や教頭先生の厳かな雰囲気に圧倒されていた。普段から「日本人は感情が表に出にくいから、本当はどう思っているのかわからない」とこぼしているように、教頭先生の表情からは話の流れがさっぱり読み取れなかったらしい。

　「えーと……なんか、私たちが望むようなサポートは難しいかもしれないって」

　「え、どういうこと？」

　説明してあげたいけれど、私だってわからない。

　入学できて当然なんて、もちろん思っていない。小さいときからたくさんの合併症で命をつなぐことさえ大変だったジェイミーが、世の中ではいわゆる「手のかかる子どもだ」ということは重々わかっている。だからこそ迷惑をかけないようにと思って相談に来たのに。ジェイミーに会いもしないうちに、決めつけるなんて。決まったルールを守らないといけないというばかりで、どうすればいいかを話し合えない状況にモヤモヤ感が募った。

　思えば、教頭先生からはジェイミーについての質問が一切なかった。生徒として受け入れる気が少しでもあるなら、「幼稚園では、先生の指示を理解できていますか」「お友だちとはどんなふうに遊んでいますか」「トイレや給食はひとりで大丈夫ですか」「着替えのときは手伝いが必要ですか」などなど、聞いておくべきことはいくらでもあるはずだ。ジェイミーのことに興味を持っていただけないのかな。

しおれきった私の様子を見た教頭は、諭すように言った。
　「1人のお子さんにずっとつきっきりというのは、現実的に難しいんです。ご理解ください」

　気を取り直して、次の訪問を約束しようとしたが、教頭は「9月には運動会があるので、よろしければ見にいらしてください。そのころには学校公開日もありますので」と、それ以上相談にのってくれる気はなさそうだった。
　面倒なことにかかわり合いたくない、早くこの話を終わらせたいという胸の内が見えたような気がして、私たちは意気消沈してガランとした教室をあとにした。今振り返れば、教頭先生も立場上、あのような対応しかできなかったのかも、と思うが、当時は落ち込むばかりだった。
　初夏の風に新緑が揺れる校庭のあちこちで、子どもたちが遊んでいる。サッカーをして走り回ったり、ジャングルジムやブランコのまわりで何か言い合ったり……。よく見る日常の光景だ。そんなの当たり前だと思っていた。なのに、ジェイミーはあの輪のなかに入れないの？

## ダウン症に生まれて

　生まれたばかりのジェイミーに障害があると聞かされたときは、頭が真っ白になった。医師は産後間もない私を気遣って夫のスティーブにだけ告知をしたが、そんな大切なことを隠しておいて、あとで伝えたほうがよっぽど私が傷つくだろうと考えたスティーブは、その足で病室に来

て医師から聞いたことを私に伝えた。

　帝王切開の麻酔でボーッとしていた私は、小説や映画のように赤ちゃんが取り違えられたらどうしよう、などとまったく見当違いのことをのんきに心配していた。ちっちゃくてかわいかったけど、すぐ検査に連れていかれちゃったなぁ。次に会えるのはいつなんだろう。麻酔切れたあと、お腹めっちゃ痛いんだろうなぁ。そんなとりとめのないことを考えていたところにスティーブがやってきて、私の理解を遥かに超える話をしだしたのだ。

　障害があるって、誰の赤ちゃんのこと？　私たちの？　今赤ちゃんは無事なの？　心臓の病気？　今はミルクが飲めない？　どういうこと？

　……私はかなり取り乱していたと思う。


　ジェイミーを授かったときの気持ちを人に伝えるとき、スティーブは「イタリア旅行に行こうと飛行機に乗ったのに、着いたのがオランダだった」というたとえ話をする。ダウン症の息子をもつアメリカ人の作家、エミリー・パール・キングスレーが書いた "Welcome to Holland" というエッセーからの引用だ。

　イタリアへ旅行しようとガイドブックをあれこれ調べて、心待ちにして過ごす。海辺で過ごすためのサンダルや夏の服を準備して、どんな料理がおいしいだろう、どこに観光に行こうかなどと何ヵ月もかけて夢のホリデーに備える。そして、ついにその日がやってくる。荷造りをし、飛行機に乗りこみ、いざ出発。ところが、数時間後に飛行機が着陸すると「オランダへようこそ」と迎えられるのだ。

　もちろんオランダにもすばらしい場所やおいしい料理はちゃんとあ

る。でも、私たちが準備してきたのはイタリア旅行で、友だちもみんな
イタリアに着いているのだ。私たちの計画は壊れてしまった。置き去り
にされたような、足をすくわれたような心細い気持になり、一生癒え
ない喪失感を味わう。憧れのイタリア旅行は実現しなかったのだから。
　エッセーでは、「ひどい衛生状態や貧困のなかに連れていかれたわけ
ではない。ただ"違う場所"だっただけ……もっとゆったりとしたペー
スで時が流れ、華美ではないけれど美しい景色がみえてくる」と続くの
だが、そのときの私たち夫婦は、オランダのよさに気づくことも目を向
ける余裕もなく、ただひたすらとまどい、不安に打ちひしがれていた。

　パニック状態の私たちに追い打ちをかけるように、ダウン症だと思わ
れること、心臓にも疾患があること、肛門が未発達な「鎖肛」のため明
日にも手術をしなければならないことなど、思いもかけない事実が次々
と突きつけられた。告知をした医師は専門外なので詳しくは説明できな
いと繰り返し、私たちはますます心配になった。動揺のあまり矢継ぎ早
に質問する私たち夫婦にイライラしたのか、医師は「高齢出産だから仕
方ないですね」と言った。
　思わず耳を疑った。ひどい！　なんでそんなこと言われなきゃいけな
いの？　当時の私はまだ30代。海外では40代の出産さえも日常茶飯事な
のに……。
　しかし、怒ったり落ち込んだりしている暇などなかった。24時間以内
に鎖肛の手術をして肛門をつくらなければ、ミルクさえ飲めない。別の
医師から緊急手術の説明があり、翌日、長時間に及ぶ手術が行われた。
　「どうか手術が成功しますように。助かりますように」

　誕生を喜ぶ間もなく、生まれた命がどうかつながりますように、とひたすら祈った。

　深夜0時をまわったころ、担当した先生方と看護師さんたち全員が、まさに「医師団」という出で立ちで待合室へ来て、手術の成功を告げ、一緒に喜んでくださった。さぞお疲れだったことと思うが、「成功しましたよ！」のあとに、「きれいなお尻ができましたよ」と本気なのかジョークなのかわからないユニークなご報告をいただき、みんなで笑いあった（本当にかわいくてきれいなお尻だったのだ）。

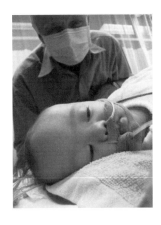

◀ 新生児のころは闘病生活に明け暮れた。

　その後も、心臓疾患である「心室中隔欠損」、大腸の一部の細胞が蠕動運動をできず便秘や腸閉塞を起こす「ヒルシュスプルング病」など、合併症の治療のため、命にかかわる大手術を何度も受けなければならなかった。

　心臓の手術では、人工呼吸器がなかなか取れず身体に水がたまりはじ

め、首の付け根やお腹にチューブを入れ、変わり果てた姿になってしまったこともある。長い長い入院生活を終えて退院したのに、半日も経たないうちに感染症で再入院する羽目に陥ったこともある。

　「なんとか助かりますように」

　目の前にある小さな命の灯が幾度となく消えそうになるのを、ただただ必死でともし続ける日々だった。


## 心ない言葉とたくさんの支え

　ダウン症の子どもが生まれる確率は、約1,000人に１人。そんなに珍しくないことは、のちに知った。たぶん、世の中のほとんどの妊婦さんがそうであるように、自分が1,000分の１になるだろうとは夢にも思わなかった。みんなと同じようにイタリア旅行を計画してきたのに、急にオランダに放りだされたショックはかなり大きかったが、それよりも健康上の心配のほうが大きかった。とにかく、生きてほしい。病院と家庭で離ればなれになるのじゃなく、同じ屋根の下で一緒に健康に暮らしたいという気持ちが何よりも強かった。

　心ない言葉に傷つけられることもあったが、保健師さんや家庭児童相談センターの方が気にかけてくださり、「ダウン症児の親の会」を紹介され、先輩ママたちの話を聞いて折々に相談にのってもらいながら育ててきた。

　いくつもの病気とゆっくりとした成長。

　「高齢出産だから仕方ない」と言った医師からは、「染色体検査の結果、高齢が原因ではないと思われるので間違ったことを言って申し訳ない」という、なんだかわからない釈明があった。でもそのあとも、とんでもない暴言を吐かれたこともある。身長や体重を計測してもらい、看護師さんと談笑しているところへ通りがかり、「でもこういう子どもは長くは生きられませんよ」と言い放ったのだ。

　医師ともあろう者がなんということを！　このときも驚きとショックで何も言えなかった。何度も命の灯が消えそうになったが、ジェイミーはそのたびに「生きる」ことを諦めずに帰ってきてくれた。長い長い1年間が無事すぎて、いわゆる「普通の子」たちに比べたら格段に遅くはあるけれども、何とか成長してくれるのを喜んだらいけないの？　障害のある子どもの親は楽しそうにしていたらいけない、もっとしおらしくしていろ、と言われたようで具合が悪くなりそうだった。

　もちろん、こういう医師はごく一部だろうと思う。事実、たくさんの医師や看護師さんに支えてもらった。NICU（新生児集中治療室）に入っていたジェイミーにミルクをあげながら、「なんでこんなに足の裏がふわふわなんだろう」と不安を口にした私に、「それはジェイミー君の個性ですね」とやさしく微笑みかけてくださった師長さんの言葉は心に沁みた。

　たくさんの方に支えられた命。大切に育てよう。大きな手術や病気を克服するたびに改めて思った。

◀ 赤ちゃん時代のジェイミー

## 小学校入学は「地域デビュー」

　1歳で保育所、4歳で幼稚園に通いはじめてからも、困難はいろいろ
あった。それでも、無邪気な笑顔を見ると疲れも悩みもふっとんだ。た
くさんの方たちにつないでもらった命を大切に生きてほしい。その一心
だった。そして、待ち受ける次の関門が、就学先の決定だった。

　私はジェイミーに「テストでいい点をとる」といった〝学校での成
績〟は期待していない。と、今はさらりと言うことができるが、当時は
そう思うと胸がチクンと痛んだ。「できることが増えるようになってほ
しい」という親の気持ちがないわけではないから。正直なところ、成長
の段階段階で、できないことばかり多くて、ずっとできないままなの
か、いつかできるようになるのか、できるようになるとしてもそれがい
つになるのかがまったく未知数で、不安も大きかった。それに、親とし

てはやっぱり「できたらうれしい」のが本音。「できなくてもいい」なんて悟った親のように誤解されることも怖かった。

　人間の子どもは未熟な存在として生まれるから、学ぶべきことは机上の勉強以外にもたくさんある。そして、日々恐るべきスピードであらゆることを吸収し、体も心もぐんぐんと成長していく。

　学校は親にとっても子どもにとっても「地域デビュー」の場だと思う。幼児がおでかけできるようになってやってくる「公園デビュー」。そして、小学校の就学とともにやってくる「地域デビュー」。ジェイミーは小さいとき病気がちで、まるで病院に住んでいるようなときも多かった。「心臓の手術が終わるまでは風邪をひいただけでも命にかかわる恐れがあるから、駅やショッピングセンターなど人の集まるところは避けてください」と言われていた。なので、ひっそりと暮らし、「公園デビュー」のチャンスはなかった。そんなこともあって、「地域デビュー」となる地域の学校へは、どうしても行かせたかった。こんなふうに活字にしてしまうと、我ながら軽く感じるが、ドキドキワクワクする気持ちで真剣にそう思っていた。

　学校は社会の縮図で、人としての成長の場でもある。だから、同年代の子どもたちとともに学校生活を送り、豊かな人間関係を育んでほしかったし、幼稚園のときの友だちの多くが通う地域の小学校へ行かせたかったのだ。

# 保育園での苦い経験

　教頭先生に支援を手厚くしてほしいと申し出たのには、理由があった。

　夫婦で英会話スクールを経営する我が家は共働き家庭なので、ジェイミーは1歳のときから保育園へ通いはじめたのだが、3歳のある日、事件が起こった。ジェイミーがケガをしたという知らせが入ったのだ。あわてて病院へかけつけ事情を聞くと、座らされていた"補助いす"ごと転倒したという。

　「ウロウロすると危ないので、"補助いす"を使用することもあります」とは前もって聞かされていた。けれど「安全を確保するため」のいすを使用したために、身動きができず転倒し、頭を2針も縫うケガをしたのだ。看護師をしている妹に相談すると、「お姉ちゃん……それって補助器具じゃなくて、拘束器具として使われていたってこと？」と聞かれ、頭のなかが真っ白になった。

　しかも、同じクラスの子どもたちの話では、その"いす"の使用は頻繁であったようなのだ。

　「ジェイミー、いっつもいすに縛りつけられてたよ。ジェイミー、かわいそう」

　3歳の子の口から「縛りつけられていた」という言葉が出たときは、とてもショックだった。もちろん、幼児の言う「いっつも」がどれくらいの頻度と時間を指すものかはわからない。保育園の責任者は、「そういう誤解がないように、事前にお話しして了解をいただきましたよね」

と言う。誤解って、どういうことなんだろう？　私は、子どもを拘束してもよいという同意をしてしまったのかな。ジェイミーや、まわりの子どもの安全のためというつもりだったのに。

　だいたい、3、4歳の子どもなら、障害があろうとなかろうとじっとしていられないのは普通のことだ。それを拘束しようなどと思う心理の裏には、「ダウン症の子」という先入観が働いていなかっただろうか。ひとりの子どもとして見ていれば、「いすに縛りつけておけば安心」という発想には至らなかったはずだ。とんでもないことをしてしまった。2針ですんだのは不幸中の幸いだったが脳内出血でもしていたら、と考えて身がすくみ、自分の考えの至らなさを悔いた。

　当時、ニュースでは「待機児童解消」がしょっちゅう大きく取りあげられていて、先生たちが足りないことは重々わかっていた。定数を緩和するという言い方で、保育士1人あたりの子どもの数が増やされるというニュースも報道されていた。そして、保育士不足や給与などの待遇の悪さについても日々たくさんの報道を目にしていた。そういったこともあって、親の私たちが働いている間、子どもたちを見てくださっていた先生たちを強く責める気にはなれなかった。ただ、先生たちのサポートを園がきちんとできなかったのか、今後どんな防止策を取るのか、話し合いたかったが、話はなかなかかみ合わなかった。

　園が体制を整えることができないままでは、ジェイミーもまわりの子どもたちも、先生たちもかわいそうだ。ジェイミーがいなくなることで、ほかの子どもたちへの目配りがより確かなものになるのであれば、園を去ったほうがいいだろう……。結局、釈然としない思いを抱えたま

ま、別の幼稚園に転園した。

## 温かく受け入れてくれた幼稚園

　転園先の先生たちはダウン症について勉強し、ジェイミーが園の生活になじめるよう配慮してくれた。ジェイミーは最初、教室に入れなかったので、テラスに小さなおもちゃのテントを置き、テントのなかで加配の先生とゆったり過ごすジェイミーのもとへ、お友だちがひとりずつ「こんにちは」と訪ねるよう工夫してくれた。その状況に慣れた段階でテントを教室のなかに移動して、ジェイミーは教室にすんなり入れるようになった。試行錯誤しながら、ジェイミーのことを理解しようとしてくれる姿勢がうれしかった。加配の先生も配置してくれたので、小さなトラブルはあっても楽しい幼稚園生活を送ることができた。

　転園後、しばらくして、私たち夫婦はジェイミーのクラスにおじゃまする時間を取ってもらった。ほとんど言葉を持たないジェイミーの代わりに、私たち夫婦がジェイミーをお友だちに紹介し、お友だちからの質問にも答えて、みんなと明らかに様子の違うジェイミーのことを早い時点でわかってもらおうと考えたのだ。
　明るい教室に並ぶ小さな机に行儀よく座っている子どもたちを前に質問を募った。すると、たくさんの小さな手が挙がり、口々に「ジェイミー君の好きな色は何色ですか？」「好きな食べ物はなんですか？」……あれれ、なんか、私たちの想像と違うぞ。それって普通の質

問だよね。

　肩透かしを食らったような気がした。そして、子どもたちの澄んだ目でじっと見つめられて、なんだか恥ずかしい気持ちになってきた。ああ、この子たちは、ジェイミーが自分たちと違うなんてちっとも思っていないんだ。違うと思っているのは私たち大人、いや、親のほうなのじゃないか。子どもたちのまっすぐな眼差しと、先生のニコニコとした笑顔が今も忘れられない。子どもたちから学ばせてもらった、気づきの瞬間だった。

　でも、日々の生活では友だちに手が出てしまうこともあったし、教室にじっとしていられなくて支援の先生とふたりでボール遊びをして過ごしたときもあった。小学校生活はどうなるのだろう、小学校って勉強が始まるよね……と、小学校入学にあたっては慎重になった。

　ジェイミーがどんな子どもで、どんなことが得意で何ができないのか、きちんと理解したうえで、小学校も幼稚園と同じような受け入れ態勢を整えてほしい。それが願いだった。

## 「ジェイミーみたいな赤ちゃんがほしいな」

　こんなことになるなら、日本に帰ってこないほうがよかったかな。

　ロンドンでは、義足の人や目の見えない人を街中でよく見かけたし、大学にはキャンパス内を車いすで自在に動き回っている先生がいて、築数百年はあろうかという大学の建物はバリアフリーに改築されていた。

もちろんさまざまな障害と生きる学生もいた。

　支援が必要という点では、慣れない英語でのコミュニケーションに苦労していた私だって、支援してもらう側だった。インターナショナル・スチューデント・ソサエティという組織があり、ブルガリア出身の先輩がイギリス人学生や大学職員と一緒に、さまざまな文化を背景にした多様な母語の学生の支援をしていた。

　みんな普通に暮らしていたし、まわりも特別な目を向けることなく、段差などで困っていると“May I help you?”“Do you need a hand?”とごく自然に声をかけ、手助けをしていた。別に支援が必要な人でなくても大きな荷物で困っていたら、進んで手を差し伸べるのが当たり前だった。それは幼少時からずっとみんな一緒に学び、一緒に暮らして、いろんな人がいる環境のなかで育ってきたからではないだろうか。だから自然に、いろんな人に心を寄せることができるのではないかと思った。


　もちろん、楽しい経験ばかりじゃなく、まれにではあったけど、人種差別的な発言にさらされたことも何度かはあった。「帰れ。イエローモンキー！」みたいな、昔の漫画か何かに出てきそうなベタなセリフをバーの酔っ払いから浴びせられたこともある。すると、私と一緒にいる友人たちは決まって「ジュンコ、ごめんね。あの人たちは教育を受ける機会に恵まれなかったから……」と申し訳なさそうに言うのだった。

　なかには私には理解不能なほどの早口と方言で、ものすごい勢いでまくし立て、そういう人たちを撃退してくれた女の子たちもいた。「女子パワーすげー」と感心している間に、ひどい言葉を浴びせられたショッ

クはすっかり吹っ飛んでしまったものだ。

　イギリス人の友だちのなかには、「社会的地位が高いと自負している人たちは寛容なポーズをとるけれど、本心からそう言っているとは限らないからね」とシニカルな意見をいう人もいるが、本心からでなくても寛容なポーズは取るわけだ。それは非寛容な人は教育・教養が足りない、という価値観が社会に根付いているからじゃないかなと思った。せめて上辺だけでもそういう価値観があれば「この子は無理」発言はなかったのにな、と思う。

　イギリスでは大学を卒業し、大学のあったミッドランドの地方都市から、就職でロンドンに出た。その後、永住権を取得してロンドンで働いていたときに出会ったスティーブと電撃結婚。スティーブの希望で生活の場を日本に移し、英会話スクールを開いたのが、2007年。

　新生活の準備や起業にともなう煩雑な手続きや事務作業は、日本語を話せない夫に代わってすべてしなければならなかった。10年以上まともに使ってこなかった日本語は難解で、言葉が出てこなくて苦労した。てんてこまいの日々が続き、開校して1ヵ月が過ぎたころ、第1子妊娠が判明。生まれたジェイミーはダウン症と複数の合併症を抱えていた。

　病院との往復に明け暮れる日々が過ぎ、ようやく家族の平穏な生活がもどったころ、第2子ジョシュアが誕生。夫は子煩悩で子育てや家事に積極的にかかわってくれたが、乳幼児ふたりを抱えて英会話スクールを切り盛りするのは、生半可なことではない。朝ごはんを食べさせ、保育園へ送り、スクールの仕事をこなしていると、あっという間にお迎えの時間になる。連れて帰って晩ごはん、お風呂、寝かしつけてから通園の

準備……目のまわるような毎日だった。

　そんなとき、ジェイミーを地域の小学校に行かせたいと強く思った出
来事があった。

　ジェイミーは３歳になっていたが、赤ちゃんのころからのんびりと成
長していたので、やっとこさ歩けるようになったばかりで、歩行も安定
していなかった。弟のジョシュアはまだ１歳。保育園へはふたりを自転
車の前後に乗せて通っていた。

　とくに大変だったのが、週末の帰り道だ。お昼寝用のふとん２セット
にオムツや着替えの入った大荷物を、自転車置き場でおろしたところま
ではいいが、自宅のマンションは６階。さあ、どうする？　おぼつかな
い歩みのジェイミーの手を引き、ジョシュアを抱っこすると、もう荷
物は持ちきれない。こんな日に限ってジェイミーはぐずってなかなか
歩き出そうとしない。おんぶしなきゃダメかな。まだ小さいからふたり
だけになんて絶対できないし、あとで荷物だけ取りに来るなんてムリム
リー。ため息をつき途方に暮れていると、近くで遊んでいた女の子たち
がパタパタとかけよってきた。

　「わぁ、かわいい〜。赤ちゃん、まつげ長い〜」
　「さわってもいい？」
　「この子たち、いくつ？　いつ１年生になんの？」
　「おばちゃん、すごい荷物やなぁ」
　「うち、弟おるから抱っこできるで」
　「ずるい、わたしも抱っこしたい」

　3年生から5年生くらいだろうか。女の子ってこんなにしっかりしてるんだ。まだ言葉も出ない息子たちを育てていた私には、とても「お姉さん」に感じられた。女の子を育てるのってどんな感じなんだろ。うちは男の子ばっかりだもんなぁ、などと考えている私をよそに、女の子たちは口々に私や息子たちに話しかけ、にぎやかにおしゃべりしながら、ジェイミーとジョシュアを抱きかかえて家まで送ってくれた。

「ありがとうね。おばちゃん、すっごく助かったよ」
「バイバイ〜」「またね〜」

　それからというもの、女の子たちは保育園帰りを待ち受けてくれていたのか、ちょくちょく手伝ってくれるようになった。メンバーはその日によってまちまち。おとなしい子、にぎやかな子、いろんな女の子たちが、荷物を持ってくれたり、子どもたちを抱っこしてくれたり、代わる代わる世話をやいてくれるようになった。
　もしかして、この子たちはジェイミーに障害があるから、かわいそうに思って、やさしくしてくれているのかな。だとしたら、子どもにまで気を遣わせてしまってなんだか申し訳ないな……。

　ところが、ある日、いつものようにジェイミーを抱きあげた女の子のひとりが何気なく言った。
「うち、ジェイミーみたいな赤ちゃんがほしいなぁ」
「え？」
　とっさに返す言葉が出なかった。

「だってめっちゃ、かわいいもん！」

そう言って、女の子はにっこり笑った。

ジェイミーの障害を知っている大人は、ジェイミーの話題になると、ほんの少し困ったような申し訳なさそうな顔をする。しかし、目の前の女の子は、何の屈託もなくジェイミーみたいな子がほしいと口にした。

そうか、子どもは大人とは違う目でジェイミーを見ているんだ！

思いがけない言葉に、じわじわと熱いものがこみあげてきた。

この子たちと同じ小学校に通わせたい。こんな子たちと一緒に育ってほしい。

強くそう思った瞬間だった。


## イギリスのインクルーシブな教育

地域の小学校に行かせたい。でも、登下校も、大人が見ていないと座り込んでしまったり、どこかへ行ってしまうだろうし、ジェイミーひとりでは授業はおろか、トイレや給食だってままならない。このままでは当分のあいだは付き添ってくれる人が必要だ。学校はちゃんと対応してくれるのだろうか。

学校とのファーストコンタクトで、モヤモヤとした気持ちの整理がつかないまま、夏休みにイギリスへもどり、スティーブの姉の友人で、ロンドンの公立小学校の教頭をしているロンダに会った。

「ジェイミーを地域の小学校に行かせたくて、いま学校と面会しても

らったりしているんだけど、イギリスではそういうとき、どう対応しているの？　特別支援（special needs）の子どもたちのガイドラインはないの？」

ロンダは不思議そうに答えた。

「そういうのはないのよ。そういうふうに分けるものでもないでしょ。インクルーシブ教育（Inclusive Education）だもの」

インクルーシブ教育。初めて耳にする言葉だった。あとで調べると、インクルーシブ教育とは「障害に限らずさまざまな困難を抱えている子どもたちが一緒に教育を受けられること」と説明されていた。

ロンダは自分の勤める小学校の「インクルージョン・ポリシー」なるものを見せてくれた。イギリスの小学校は、地域に向けて「うちはインクルーシブ教育を保障します」と宣言をすると書いてある。

イギリスでは、インクルーシブの示す範囲は障害の有無にとどまらない。障害児は対象の一部だった。障害などで身体・精神・知能に難しさがある子どもだけでなく、英語が話せない子ども、さまざまな家庭の事情がある子ども、経済的に困窮している子ども、知能が高すぎて先生たちが教えきれないギフテッドと呼ばれる子どもなど、どんな子もすべてが対象なのだ。

イギリスは伝統的なイメージがある一方で、移民家庭なども多く、当時はEU加盟国としてさまざまな国の人に国境を開いていた。ロンダに見せてもらった「インクルージョン・ポリシー」はとてもイギリスらしく、「ああ、こちらのほうがしっくりくるな」と直感的に思った。

ロンドンから大阪に国境を越えて引っ越しをしてきた当初、インパクトのあったことが2つある。

　1つは、「日本ってすっごい清潔で、大都市なのに街がきれい！」と感動したこと。もう1つは、「こんなにたくさんの人がいるのに、障害のある人が街を歩いていない。みんな、どこへ行っちゃったの？」という違和感。ジェイミーのような息子を授かるとは夢にも思わなかったころのことだが、すごく不思議だった。

　イギリスやヨーロッパでは、車いすの方や目が不自由な方、義肢の方、もちろんダウン症の方など、いろんな方が街を歩いていて、みんなの暮らしのなかに存在していた。こんなに人口の多い日本で、そしてこんなに人がたぁーっくさんいる街で、みんなどこへ行っちゃったの？映画のセットみたいに整いすぎていて、とにかく奇妙でちょっと気味悪く感じた。

　内閣府の資料なんかを私なりに調べると、イギリスでは1981年の教育法によって、診断された障害（Disability）ではなく、学習の困難さ（Learning Difficulties）や特別な教育措置（Special Educational Provision）や教育的援助について「特別な教育的ニーズ」という概念が確立されている。つまり、医学的・病理的な診断による「障害」に応じて支援をするのではなく、一人ひとりの子どもの教育ニーズに応じて支援をするべきだ、というものである。もっとわかりやすく言えば、専門家が「障害がある」と診断したから支援をしますよ、というのではなくて、個々の教育現場でその子が必要としていたらその必要を満たしてあげましょう、ということだ。そして1996年の教育法改正で、「すべての

子どもが一般の学校で教育を受けるべきである」とした。

「今度、車いすの子どもが入学してくることになって、もう大変なのよ」。ロンダの言葉に、「あ、やっぱり受け入れ側は"大変"って感じなのね……」と思ったが、話を聞いてみると少しニュアンスが違った。

「特別仕様の車いすだから、無理なく通れるように校舎の入り口の一部を造りかえなきゃいけないし、咀嚼力が弱いから、給食をミキサーにかけてペースト状にして食べさせるために、いまみんなでその講習を受けているの」。大変だと言いつつ、晴れやかな笑顔で、おもしろがっているようだった。

「地域の子どもがうちの学校に来たいと言うなら、どんな子でも受け入れるのが当たり前」と話すロンダに、「入り口を壊して造りかえるなんて、お金がかかるでしょ」と聞いても「予算をとってくるのが私たちの仕事よ」と胸を張る。

「自分の子のために、特別に予算を割いてもらうことに引け目を感じるのよー」とこぼすと、「あら、どの子もみんな特別扱いするのが当然じゃない。低学年の子どもなんて全員、支援がいるわよ」と一笑に付されてしまった。

迷惑がって"大変"なのではなく、受け入れ態勢を整える準備に忙しくて"大変"なのだ。

子どもを地域の学校へ入学させたいのに、必要な支援を確約してもらえそうもないことや、「インクルージョン・ポリシー」みたいな教育方針が保護者たちには示されていないことを私が嘆いていると「おかしいわね。法律で決まっていないの？」と、ロンダはとても不思議そうにし

ていた。

　受け入れる側も、受け入れられる側もいっぱいいっぱいな感じがする
日本での状況と、イギリスはあまりにも違いすぎて、ますます頭をかか
えてしまった。


## ジェイミーを連れて再び学校へ

　校区の小学校を訪ねてから３ヵ月が過ぎ、９月になったが、小学校か
らは何の連絡もなく、小学校の先生が幼稚園へジェイミーの様子を見に
来ることもなかった。例年ではこの時期に、小学校は校区内の幼稚園・
保育園を訪問し、要支援児の状況を把握し、翌春に向けて受け入れの準
備を進めるという。

　区役所や教育委員会に電話しても事務的な対応をされるだけで、なか
なか事は進まなかったが、やっとのことで小学校にジェイミーを連れて
行く約束を取りつけた。


　ツクツクボウシの蝉時雨のなか、ジェイミーの手をひいて、再び校区
の小学校を訪れた。親子３人、汗だくになって着くと、前と同じように
空き教室に通された。ジェイミーにとって、初めての学校だ。人見知り
をしないので、大人たちとは対照的にニコニコしている。

　面談用の机に用意されたいすは教頭と私たち夫婦の３人分だけで、
ジェイミーはそこから離れた部屋の隅へ連れていかれ、若い先生を相手
に絵本などを見始めた。

　私たち夫婦は教頭先生から「トイレは自分でできますか？」とか「階段は自分で上り下りできますか？」といった質問をされたが、幼稚園での生活ぶりや、先生や友だちとのかかわりなど、受け入れた場合に必要なことを尋ねる気配はなかった。また、隅っこで絵本を眺めるジェイミーのことをあまり気にかけてもらえなかった。

　私たちがジェイミーを連れて訪問したのは、ジェイミーに会ってもらいたかったからだ。なのに、当の本人は隅っこで絵本を眺めているだけ。私はとても悲しい気持ちで胸がいっぱいになった。親から聞く子ども像でなく、実際の「子ども」に会ってほしかった。


　そのあと教頭先生は校内を案内してくれたが、当時の特別支援学級の教室は薄暗く、真ん中にポツンとトランポリンが置かれていた。マットも敷かれていないし、スプリングが壊れている。こんなところで、障害のある子どもが遊んで大丈夫なの？

　通常教室も見学したが、ジェイミーがひとりで教室いっぱいに並べられた机の１つに座って、おおぜいの生徒に交じって授業を受ける場面は想像できなかった。追い打ちをかけるように教頭が言った。

　「ここで授業に参加する場合はひとりになります。１対１の加配をつけられるかどうかのお約束は、申し訳ないけれどできません。大阪市の方針で教員の人数は決まっていますから。一度、特別支援学校のほうも見学に行かれてはいかがですか」


　嫌な予感がだんだん現実に変わりつつある、と胸をぎゅっと掴まれたような気持ちがした。たとえこの学校への入学がかなったとしても、は

たして安全に過ごすことができるのか。ジェイミーがどんな様子で一日を過ごしているのかを、伝えきれないまま学校へ預けて大丈夫なのか。

授業への参加はひとりで参加できるようになってから、ということは、今の状態では参加できないよ、参加させないよ、ということ？　学校が求める基準をこの子が満たしていなかったら、通常学級で過ごさせてもらえないということ？　「この子は無理」と、また指をさされるような対応をされるのだろうか……。それならいっそのこと特別支援学校へ行かせたほうがジェイミーは幸せになれるのではないだろうか。地域の小学校に行かせたい気持ちが、グラグラと揺らぎだした。

「選択肢があるのなら、自分たちの目で確認しておこう」とスティーブが言うので、「支援学校も見学させていただきます」と伝えると、その場ですぐに見学の書類を用意してくださった。学校との面談は約束を取り付けるのに何ヵ月もかかったのに、支援学校の見学はこんなにすんなり決まるんだ。それが、「支援が必要な子どもは、支援学校に行くのが当たり前」というジェスチャーのように思えて、「もしかしたら私たちのしている、ジェイミーをお友だちと一緒に学校へ通わせようとしていることは、レールから外れていることなのかな？」と思い始めた。


## 特別支援学校という選択

結論が出せないまま、私たちは特別支援学校の見学を決めて、必要な書類を提出した。ジェイミーの学校選択の可能性をせばめたくなかったのだ。知らないで決めるよりも一応見ておいて決めるほうがあとになっ

てくよくよと考えたりしないのじゃないかと思った。ところが、書類を提出してからも連絡がないまま1週間が過ぎた。

このままでは特別支援学校の見学もできないかもしれない。

不安になり、隣接校区の小学校へも見学を申し込んだ。折しも橋下徹市長が小中学校の「学校選択制」を提唱し、2014年度からの導入を掲げていた。児童・生徒が進学する公立小学校・中学校を、校区外も含めた複数校のなかから保護者が選択できる制度だ。ニュースでもさかんに取りあげられていたので、隣の校区はどうかなと思いついたのだった。電話口に出た教頭はてきぱきと対応してくださり、話はすぐにまとまり、ほぼ同時期に、旭区の特別支援学校と隣接校区の小学校へ見学に行くことになった。

最初に見学に行った特別支援学校では、子どもたちがパラバルーンをして遊んでいた。ジェイミーも交ぜてもらって、年中さんのときにしたことがあるのを思い出したのかとても楽しそうだった。学校側の説明もゆきとどいていて、ウェルカムな雰囲気が伝わってきた。障害のある子どもたちのための学校なのだから、安心して任せられそうだ。

ダウン症の子どもは人とふれあうことが好きで、明るく人懐っこいといわれる。個人差はあるだろうが、ジェイミーも誰にでもニコニコ近寄っていくし、人の輪に入るのが大好きだ。目立ちたがりで、ひょうきんな言動でみんなを笑わせたりもする。「ジェイミー、ジェイミー」といろんな友だちに囲まれて楽しい幼稚園生活を送ってきた。

学校は社会への第一歩だと私は思っていたのだが、特別支援学校はとても整った環境に見える反面、この環境にジェイミーを置くのはとても

人為的というか……不自然な社会にジェイミーを置くことになるのじゃないか、そして「公園デビュー」と同じように「地域デビュー」も叶わないのかな。その点が心に引っかかった。

　特別支援学校の見学には時間がかかったが、隣接校区の小学校のほうはスムーズに見学できた。見学を申し入れたとき、「校区の学校の承認が必要だから」と、その小学校の教頭先生はすぐに校区の学校へ電話してくれた。そのスピーディさに比例するように、対応も誠実なものだった。「市の定めている基準があるので、現状を上回る加配は難しいかもしれませんが」と、支援に関する内容は変わらないのだが、希望するなら受け入れると言ってくれた。

　なぜか引っかかった感じがする校区の学校と、障害のある子どもだけの学校と、少し遠いけれど温かく迎え入れてくれそうな学校。10月末までに学校選択制の希望調査票を提出しなければならず、どこに行くことが、ジェイミーにとって幸せなのか。スティーブと何度も何度も話し合った。

　隣接校区の小学校にひかれる反面、「学校選択制」には違和感があった。義務教育の公立小中学校なのだから、誰でも地域の小学校に行けて、どこへ行っても同じで教育を受けられるべきなのではないだろうか。学校によって対応が異なるというのは、あってはならないことではないか。保護者にウィンドウ・ショッピングさせちゃっていいの？

　そんなに簡単に外から学校のことがわかるはずがないし、わかるような性質のものじゃないと思う。上辺だけの数値や情報で「選択」するこ

とへの疑念もあったし、民間のサービス事業者のような扱いをされて、学校が貶められているような気がした。隣接校区の小学校を選ぶことは、その「学校選択制」を肯定するようで抵抗があった。

　私たち家族がジェイミーの就学で悩んでいることを知っている知り合いのなかには「〇〇市はていねいに見てくれるらしいよ」とか「〇〇市に住んでいる親族はダウン症の小学生の子どもがいるけれど、何も心配せずにすんなり入学が決まったよ」と教えてくださる方々もいた。悲しくて弱気になっている私をなぐさめようとして、「いっそそんなつらい思いをしなくてもいいように引っ越しも考えてみたら」とも言われた。

　気にかけてくださることに感謝を感じつつも、同じ日本に住んでいるのに、しかも同じ地域の中にさえも差があることにモヤモヤが募るばかりだった。そして、支援の必要な立場にいる人たちが引っ越さないといけないほど悩んでいることや、実際に引っ越している事実にふれるたびに「これはおかしい」という気持ちを感じる一方で、それが現実なのかもしれないと、胸が押しつぶされるような悲しさを感じて、食事がのどを通らなくなるほど暗澹たる気持ちになるばかりだった。

　家と職場の往復だけでも忙しい最中に、残暑のなかをあちこちの学校を見学して説明を聞きまわっているうちに、季節が変わった。さわやかで過ごしやすい時期はいつの間にか終わり、急に風が冷たく感じられるようになっていた。

# 第2章
## "当たり前"の権利のためのたたかい

## やるゾ！ 署名活動

　希望調査票は悩みに悩んだ末、やはり安全性を優先しようと、特別支援学校を第1希望、隣接校区の小学校を第2希望として提出した。とはいうものの、希望調査票をポストに投函したときには涙が出た。本当は校区の学校を第1希望にしたいのに、それが叶わないもどかしさ、苦しさからの涙だった。

　学校を困らせたり、先生たちを難しい立場に追いやるなんて気持ちは毛頭ない。だからといって、必要な支援をお願いしないままジェイミーを学校へ行かせたら、ジェイミーがしんどい思いをすることになるだろうし、きっとまわりのお友だちにもしんどい思いをさせることになる。そして、先生たちも。

　事を荒立てたくない気持ちがあったから書面では特別支援学校を希望したけれど、地域の学校に行きたい気持ちは変わらなかった。このまま「物わかりよく」していたら、とても本当の希望が叶いそうにない。もっと話し合いたかったから、学校へも行った、教育委員会へも相談し

た、区役所へもお願いしてみた。でも、時間ばかりが過ぎていく。幼稚園の先生たちも困っている。何か打開策はないものか?

　ふと、顔見知りのご近所さんに「署名活動でもするなら、広めてあげるよ」と言われたのを思い出した。署名活動かぁ……。
　スティーブに話すと「めっちゃいいアイデアじゃない。やろうやろう」と一も二もなく賛成だった。
　「でも、大丈夫かな。SNSでたたかれたり、いやがらせされたりしたら怖くない?」
　英会話スクールの経営にも影響が出るかもしれないし、ジョシュアだっていずれは通う学校なのに、子どもたちに悪い影響がでないだろうか。ここで生活していけなくなったらどうしよう。
　けれど、スティーブはきっぱりと言った。
　「子どもが学校に行けないことより怖いことなんてないよ」
　確かにそう言われてみればそうだ。子どもが学校に行けないってひどいな。子どもが学校に行くことは"当たり前"の権利であるはず。障害のある子どもたちは「子ども」のカテゴリーから外れてしまうとでもいうの?　頭がぐるぐるした。そして落ち着いた結論は……"当たり前"のことが通らないのは、やっぱりおかしい。
　「ジェイミーのために、できるだけのことをやってみようよ」
　スティーブの言葉に勇気がわいてきた。よし、やるゾ!

　ただ、やり方がまったくわからない。事のあらましを書きだしてはみたものの、涙が出るばかりで何をどう訴えたらよいのか。

ネットで検索してあちこちで調べまくっているうちに、大阪府のガイドラインなるものに突きあたった。「障がいのある子どものより良い就学に向けて〜市町村教育委員会のための就学相談・支援ハンドブック」と記されている。

　えーっ！？　こんなものがあるなら、最初から教えてくれればいいのに。存在すら知らなかった。ナニナニ、「大阪府においては、これまでも“ともに学び、ともに育つ”教育を基本とし、障がいのある児童・生徒等の自立と社会参加をめざす教育を推進してきました」……これって、ロンドンでロンダに見せてもらった「インクルージョン・ポリシー」の一部みたいなことだよね？　ほかでもない、大阪府の教育方針でもあったのだ。私たちが願ったことは、単なる「親のわがまま」じゃなかったんだ！　後ろ盾を得た思いで安堵すると同時に、怒りもこみあげてきた。全然、推進されてないじゃない！

　読めば読むほど、書かれている内容と学校で受けた対応の違いが際立ってきた。そもそも、学校も、教育委員会で対応してくれた人たちも、これを読んでいるのかと疑問を感じるほどだった。

　どうなってんのかな？　自他ともに認める先進国である日本の、しかも大阪市って政令指定都市だよね？

　署名活動の準備に一気にエンジンがかかった。


## 広がる支援の輪

　大阪府のガイドラインに照らして「どこがどう守られていないか」コ

メントを入れた書面と、ひとりの人間としてジェイミーを知ってもらうために、生い立ちを記した写真入りのプロフィールを添えた署名活動の書類一式が完成したのは、11月10日のこと。

まず幼稚園にお願いして、園児の家庭に配ってもらった。友人知人はもちろん、顔見知りの近所の八百屋さんや行きつけのレストランにも、置いてくれるよう頼んでまわった。スティーブはチラシを拡大して英会話スクールの入り口に貼りだし、生徒さんや保護者のみなさんにもお願いした。

幼稚園のママたちのなかに、「父が以前、国会議員秘書をしていたから」と紹介してくれた人もいた。薬害・医療被害者救済のために、厚生労働省と交渉したり、大きな訴訟にかかわった経験が何度もあるというから、署名活動を進めるうえで心強い。そのお父様、岡本隆吉さんにはこのあとずいぶんお世話になる。

署名のことを人づてに知った橋本智子弁護士は手紙をくださり、大阪弁護士会を通じて「人権侵害救済の申し立て」を申請してはどうかと提案してくれた。「うちのダンナのお母さん、教職員組合に勤めてはるから、組合に呼びかけてくれるようお願いしてみるわ」と義理のお母さまに頼んで、500筆も届けてくれた方もいた。

これらママ友パワーには、精神的にも大いに助けられた。署名活動を始める前の私は、万策尽きたと思い、心身ともに疲れ果てていたせいか、「ああ、こんなに困っているのに、誰もわかってくれない」と勝手に傷ついていた。でも、始めてみると、「これはおかしい」と思った人たちがどんどん署名を広めていってくれた。多くの見知らぬ人が善意で署名を集めて届けてくださったことに感謝してもしきれない。

# 涙の記者会見

　手探りではじめた署名活動だが、口コミでじわじわと広がり、12月半ばには3500筆に達した。

　続いて橋本弁護士の力を借りて「人権侵害救済の申し立て」を弁護士会に提出しに行くことになった。岡本さんに報告すると、「それ、もう一部コピーつくって、大阪市教育委員会にも報告しておいで。ちゃんとお知らせしておきなさい。そのうえで記者会見するといいよ」とアドバイスされた。

　ええ？　記者会見！？　ますます、おおごとになってきた。

　12月17日。スティーブと私は、岡本さんに付き添われ、弁護士会へ赴いた。書類の受付をすませて、その足で中之島の大阪市庁舎内にある教育委員会へ。教育委員会へは、署名活動を開始してから一度面談に行ったことがある。「障害のある子どもを持つ保護者のためにガイドラインなどを示してほしい」と伝え、今後も引き続き面談をとお願いした。しかし、私たちが希望調査票を提出したことで、もうこの問題は終わったとみなしたらしく、その後、連絡をしても「会う約束はした覚えがない」と言われていた。

　その教育委員会に「さっき大阪市弁護士会に提出してきたのでご報告です」と書類のコピーを渡すと、会う約束をした覚えはないと言っていた担当者が顔色を変えて上司のほうへ走って行き、ハチの巣をつついたような騒ぎになった。そのうち、担当者が戻ってきた。

　「会議室をとりましたから、こちらへ」

「いえ、このあと用事があって急ぎますので」

だって、このあと記者会見なんだもの。教育委員会を出て、その足で同じ市庁舎内の記者クラブへ向かった。

記者会見の会場は大阪市役所の記者クラブ内にあった。

「子どもたちが安心して過ごせる環境を整えてほしいとお願いをしただけなのに、まるで自分の子どもかわいさに無理な要求を突きつけているような対応をされ、とても傷つきました。同じように悲しい思いをする子どもや保護者がでないよう、私たちの身に起こった出来事を皆さんに知ってもらいたいと思いました」

カメラを向けられて話しだしたら、いろんな思いがあふれてきて、涙が止まらなくなった。ジェイミーの様子を見ようともせず「教室に入るなら、ひとりきりで。支援を厚くはできません」と言い切った学校、相談する先々で冷たい対応を受けたこと。それだけじゃない。ダウン症に生まれたことを「仕方ない」と医者に言われ、必死で命をつないできたのに「長くは生きられない」と決めつけられたこと。傷ついたこと、悲しかったこと、悔しかったこと、これまでの思いが一気に胸を衝きあげてきて、泣き泣きしゃべった。

「障害者を社会から閉めだすのではなく、受け入れてみんなで生きる社会になってほしい。どんな子どもも社会の大切な一員です」と、私の代わりに日頃の思いを力強く訴えてくれたスティーブが頼もしかった。

## ニュースの力を実感

　記者会見を記事にしてくれたのは毎日新聞さんだけだった。でも、その記事を読んで、あちこちから一気に取材のオファーが入りだしたのだから、報道の影響力ってすごい。

　オファーをいただいたひとりに関西テレビの迫川緑さんがいる。最重度の知的障害のある娘さんを育てるよしみさんという先輩お母さんと一緒に会いに来てくれた。

　迫川さんは、映画『みんなの学校』を企画した人だ。大阪市住吉区にある大阪市立大空小学校の1年間を追ったドキュメンタリー映画で、迫川さんの夫である真鍋俊永さんが監督をしている。映画封切り前に放送されたテレビ版は、「大空小学校の試みは、上からの教育改革とは一線を画す、現場からの教育改革でもある」と高く評価され、文化庁芸術祭大賞を受賞している。撮影に入る1年前から大空小学校に足を運び、信頼関係を築いて長期取材を許可されたという、その迫川さんの誠実さ、熱心さに、私もすっかり引きこまれた。

　この人なら力になってくれるにちがいない。テレビなら、もっとたくさんの人に知ってもらえるだろう。「特集番組を組んで、多くの人にこの問題を知ってほしい」という迫川さんの申し出を受けることにした。

　ひとりの人間としてジェイミーをよく知ってもらうために、約3ヵ月の密着取材を受け、特集番組が春に放映されることになった。それに先立ち、年が明けた1月19日には毎日放送のニュース番組「VOICE」の特集でも報道された。

　新聞やテレビでの報道は反響が大きく、他紙・他局からも次々と声がかかり、見知らぬ人から励まされることも増えた。「おかげでうちの子も地域の学校に行けるようになった。ありがとう」と言われたこともある。同じ思いをしてきたというお母さんが話しかけてきてくださって、ふたりで大泣きしたこともある。世論が動くってこういうことなんだ！

　テレビに出たことで急に追い風が吹き始めた感じではあったが、ポジティブな意見とともにネガティブな意見も私たちの耳に入ってくるようになった。Facebook に「学校との話し合いが足りないんじゃないか」とか「親のわがままだ」とか書き込む人も増え、電話もかかってきた。そのたびに私たちはとまどい、傷ついた。でも、それを打ち消すように、温かい励ましがネガティブな言葉を圧倒的に上回った。

## 映画『みんなの学校』との出会い

　ある日、迫川さんから「映画『みんなの学校』の試写会を見にきませんか」とお誘いをいただいた。

　映画の舞台となった大空小学校では、初代校長・木村泰子さんの掲げる理念「すべての子どもの学習権を保障する学校をつくる」をもとに、2006年4月の開校以来「みんながつくる　みんなの学校」をめざしている。

　2012年度、大空小学校に在籍していた児童は約220人。特別支援の対象となる子どもは30人を超えるが、すべての子どもが通常学級の教室で過ごす。言葉を持たない子、じっとしていられず教室をすぐに飛びだ

してしまう子、大声をあげて暴れる子、極度に音に敏感な子、不登校の子、さまざまな「しんどさ」を抱えて暮らす子……。木村泰子先生は、「どんな子でも安心して来られるのが地域の学校のはず」と、ほかの学校でもてあまされた子どもたちも温かく受け入れる。

"自分がされていやなことは、人にしない、言わない"という、たったひとつの約束のもとに、山あり谷ありの日常のなかで知恵をしぼる子どもたち。「気になる子」の情報を持ちより、校内を駆け回る子を追いかけ、必死で向き合う先生たちや地域の人々。大人も子どもも、それぞれの違いを受け入れ、豊かに成長していく。

　映画を見て子どもたちに真剣に向き合う先生たちの姿に、ショックを受けた。「ああ、大変なことをしてしまった」というのが最初に思ったことだった。

　みんなと一緒に過ごすことがどんなに大切か、イギリスでも感じてきたことなのに、映像をとおして、ともに過ごすことで変わっていく子どもたちを見て、「大切なことを忘れちゃっていない？」と問われたような気がした。いじめられたらどうしよう、事故があったらどうしようと気にしすぎるあまりに、特別支援学校を希望してしまったが、間違いではなかったか。ジェイミーやまわりの子どもたちに本来備わっている力や、現場の先生たちを信じたうえで、就学決定ができていただろうかと自問自答を繰り返した。

　世の中にはいろんな人がいること、そして、その人たちの不自由や困難を他人事ととらえず、助け合いながら一緒に生きていくことを学ぶ場は、誰にでも必要だ。地域の学校にジェイミーがいれば、子どもたちは

日常を通じて「みんながいて、自分がいる」ことを自然に学ぶきっかけになるだろう。

## 学校が動いた！

　1月28日、教育委員会に設けられた話し合いの場に、校区の小学校の校長が初めて姿をあらわした。1回目の就学相談で小学校を訪れてから、8ヵ月が過ぎていた。それまでずっと学校の窓口は教頭先生ひとりだったのだ。

　このころには、国内外から署名が怖くなるくらい続々と集まっていた。

　「見てください。障害のある子どもが地域の学校で学べるようにという署名がこんなにも集まっています。大阪だけじゃありません。他府県からも、海外からも届いています」

　スティーブは分厚い署名の束を見せて、問いかけた。

　「これだけの人々がなぜ署名をしたと思いますか？　あなたたちのしたことが間違っているからですよ。わかりますか？」

　校長は身を縮め、小さな声で言った。

　「本校へ入学してくださることを願っています。よその学校へ行ってほしいなんて思っておりません」

　やった！　やっと学校が動いた！

　しかし、ただ手放しで喜んで「ぜひ入学させてください」という気持ちにはなれなかった。

「うちの子どもみたいな手のかかる子が行ったら、先生方は大変でしょう。でも、ジェイミーが遠くの特別支援学校へバスで通うことになったことを想像して、地域の子どもたちがランドセルをしょってうちの前を通っていくのを、私たちは心底うらやましく眺めていました。そして、身をもって感じたんです。こうやって障害がある人とその家族は地域から孤立していくんだなって」

スティーブが静かに言った。

「ただ謝るのでなく、心と頭を変えてください。変わらなければ、この国の教育と社会は次のステージに進めないのです」

そう。最初はただ幼稚園のときのように安心できる環境でジェイミーが学校生活を送ることだけを願っていた。けれど、同じ悩みを抱えて困っている人の話を聞き、映画『みんなの学校』を見て、私が直面した事態は社会の根っこのもっと大きな問題につながっていることに気づいたのだ。

たとえジェイミーひとりが地域の小学校へ行くことが認められたとしても、学校や社会が今のままでは意味がない。問題は障害の有無だけではない。上の子が不登校であることから、障害のある下の子の就学に際して「上のお子さんのようになっても困りますからねえ」と言われ、涙を流したお母さんもいる。学校の方針として、特別支援学級ではなくすべての時間を通常学級で学んでいるものの、必要な支援を受けられないお子さんのことで悩んでいる方の話も聞いた。病気で支援が必要なのに、学校が会ってくれないというご家族もいた。階段の昇り降りができない、オムツが取れていないという条件で「ムリです」と就学を拒ま

れている子どもたちも数多くいた。何とか入学させてもらったけれど、「手がかかる」という理由で、保護者が仕事を休んで、あるいは仕事を辞めて学校へ付き添わなければならないという方々の存在も知った。

　署名活動と報道で名前が外に出たことによって、さまざまなところでたくさんの困っている人たちがいるのを、直接的・間接的に知ってしまったのだ。受け入れ態勢、さらには根本の考え方が変わらなければ、不幸の連鎖は止まらない。障害のある子もない子も、先生たちも、みんなが笑って通えるような学校でなければ。これだけ名前も顔も出してしんどい思いをして、いっぱい傷ついたのだ。せめて、私たちのような思いをする人たちをひとりでも少なくしたい。

　ジェイミーの就学がスムーズにいかなかったことで、私は世の中のあり方について何度も何度も考えた。なぜ、あんなに大騒ぎを起こしたのかと思う人もいるだろう。なぜ物わかりの悪い保護者のレッテルを貼られてまであのように行動したのかと。でも、おかしいことはおかしいと素直に思ってしまったのだ。いま思い返しても、あれ以外に行動しようがなかったとしか考えられない。


　ジェイミーの誕生をきっかけに、健康で生まれてくることがどんなにまれなことであるかをつくづく思い知らされた。それでも、いろんな難しい疾病を抱えながら、ジェイミーの「命」は奇跡的に守られてきた。だから、成熟した社会で出産ができたことがとても幸運だと思っていた。ただ、せっかく守られた「命」のその先の受け皿までは、同じように守られていないじゃないかと感じた。医療がどんどん発達して、たくさんの命が助かっている。でも、その命と一緒に生きていく社会が未成

熟なのではないか。命は助かったけど、そのあとはお好きにどうぞ、というのはあまりにもお粗末なのではないだろうか。

　たとえば、ジェイミーが知的にも身体的にも発達の遅れがなければ、放っておいても普通に学校へは行けただろう。それは、多数派の子どもたちには、とてもスムーズで望ましい形に違いない。でも、障害がある少数派の子どもたちの就学に関しては、当事者家族に情報がまったく開かれていなかった。まるで、知られては都合の悪いことのように。

　少数派の子どもたちの保護者たちは、我が子が「普通」のレールに乗っていないことを骨身に沁みて感じながら、まわりに迷惑をかけたら申し訳ないという気持ちに呪縛のようにとらわれ、それでも何とか「普通」の子どものようなあたりまえの毎日を過ごさせてやりたいと願っている。教育を受ける場である学校の大切さを考えれば、子どもたちが健やかに育つよう、社会がもっと手を差し伸べてもよいのではないか。


　私が自信をもって動けたのは、"ともに学び、ともに育つ"教育をめざすと大阪府のガイドラインに明記してあったからだ。署名活動をすることになって、たまたま見つけたけれど、学校や教育委員会からは一切知らされず、当時は大阪市のホームページにもそれらしきことは何も載っていなかった。だから、私たち夫婦は次のように訴えた。

　「障害があったり、支援を必要とする子どもを持つ親たちが、就学にあたってどうしたらよいのか、事前の情報がまったくありません。暗闇を手探りしているかのような状態で右往左往しながら、知り合いに相談したり、地域の学校や区役所へ相談に行ったりしていることが問題だと思うんです。大阪市でもきちんとしたガイドラインをつくって、当事者の目に届くように公開してください。知ることが安心に大きくつながる

のです」

　教育委員会はパンフレットをつくり、市のホームページにも載せることを約束してくれた。そして、校区の小学校の校長、教頭はともに交代し、新しい体制のもとで"ともに学ぶ学校づくり"が進められると聞き、私たちは校区の小学校へジェイミーを入学させることを決めた。

◀ 小学校入学式での
　著者とジェイミー

## 集まった5,405筆

　2015年3月30日、集まった署名5,405筆を教育委員会に渡し、今後の対応改善をあらためて訴えた。大阪弁護士会からは、就学先として校区の小学校を選択し、就学通知を受け取ったことにより、人権侵害の事実が解消されたことになる、という通知があった。けれど、「一件落着、これで終わり」にはしたくなかった。

　いったい何が起こったのか。あるいは何が起こらなかったのか。何を言っても取りつく島もなく、学校や教育委員会の動きがまったく見えな

かったのだ。

　なぜ、ジェイミーは、一度は特別支援学校を選択しなければならなかったのか。なぜ、私たちは署名活動までしなければならなかったのか。事の本質に迫る実態調査を行い、対策を立ててもらわなければ、また同じケースが繰り返される。

　弁護士会には、過去にさかのぼって人権侵害の事実があったかどうか、調査を続行してほしいと依頼した。


　大阪市のガイドライン作成については、ロンドンで小学校教頭をしている友人や、メルボルンにいるスティーブの姉に頼んで、イギリスやオーストラリアの小学校で、インクルーシブ教育についてどんな取り組みがなされているか、資料を集めて教育委員会に情報提供し、ぜひ参考にしてほしいとお願いした。

　ジェイミーが入学できたから、めでたしめでたし、じゃない。最初に学校に就学相談をしたときには、考えもしなかったようなさまざまな問題があり、多くの子どもとその家族が涙を流しながらも沈黙していたことを、活動を通して知ってしまったからだ。すべての子どもがウェルカムな形で望む学校へ行けるような世の中になってほしい。支援してくれた人たちの気持ちに報いるためにも、もっともっと活動を広げて、どんな子どももともに学び育ち、すべての人がともに生きていける国にしたい。そんな思いをこめて、支援してくださった保護者さんたちとともに、2015年4月、「インクルーシブ教育をすすめる会」（現在は「わくわく育ちあいの会」に改称）を立ち上げた。

# リーフレットとポスターで呼びかけ

　2015年春、大阪市のガイドラインをわかりやすくまとめたリーフレット『大阪市の就学相談～障がいのあるお子様のよりよい就学に向けて』が発表された。「障害のある子どもの人権尊重を図り、"共に学び、共に育ち、共に生きる"ことを基本に、地域の小学校・中学校で学ぶ」という基本的な考え方が明示され、市内の主な相談窓口の電話番号などが紹介されている。市役所・区役所、教育委員会など関係各所に置かれ、また市のホームページからも閲覧・ダウンロードでき、必要な人のもとに届きやすいよう工夫がされていた。

　その後、「インクルーシブ教育をすすめる会」と教育委員会の間では、このリーフレットがうまく運用されているか、ニーズに応える内容となっているかなど、協議が続けられた。そして「入学までの流れ」や「就学相談Q&A」が盛り込まれた全6ページの改訂版も発行された。現在、このリーフレットは「大阪市の就学相談リーフレット」と呼ばれ、内容の一部は、大阪市の各区が就学前児童の家庭に配布する「学校選択制資料」の冊子に反映されている。

　パンフレットの作成は大切な第一歩だった。けれど、それだけで本当に大丈夫なのかなという気持ちがあった。障害があることを就学前に気づいて、行政にも認知されている子どもの場合は、保護者の手元に届くことになっているけれど、そうでない場合だってあるからだ。

　署名活動で知り合った保護者さんや、長期入院先で一緒に闘病したお友だちの保護者さんに言われたことがある。「ダウン症の場合は、あち

こちに親の会があるからいいね。羨ましい」と。いわゆる「健常児」にくらべると、乳幼児のころから難しいところがいろいろとあったが、診断名がつかず拠り所がなかったり、難病のため同じ問題を抱えるご家族と出会うことが少なく、悩みを語り合える相談相手がいなくて孤立している方も多いという。成長にしたがって少しずつ表面化してくる障害や病気もあるし、いわゆるグレーゾーンで診断名がつかない場合もある。

そんなとき親たちは、「このまま小学校にあがって、ひとりで通えるだろうか。授業にはついていけるだろうか。友だちはできるだろうか」と、心配になるだろう。なかにはベビーカーに子どもを乗せて、学校の前を行ったり来たり悩む人だっているだろう。

役所に相談に行けばいいじゃないかと思う人もいるだろうが、障害のある子どもはそれでなくても手がかかるし、外出もままならない。不安で打ちひしがれていて、相談にいく元気がない人だっているだろう。相談に行くことさえ迷惑なのじゃないかと思う人だっている。そういう人たちには、もっともっとまわりから手を差し伸べる必要があると思う。困難を抱えながら支援機関へ足を運ぶことができずにいる人に、公的機関から積極的に働きかける、アウトリーチ型と呼ばれる支援を実現させてほしい。

私はジェイミーのような「少数派」の子どもを授かったことで、「多数派」（そのような線引きができるかどうか、いまだにわからないでいるが）とはまったく違う子育てをすることになったのだが、少数派と多数派の間の壁が障害だと思い始めた。また、少数派のなかにも障害のタイプや病気で「少数派のなかでもどちらかと言えば多数派」みたいな人

たちがいることに気づいた。それが、前述の「ダウン症は親の会があって羨ましい」という発言につながるのじゃないかと思った。同じ障害や病気のことをアドバイスしてくれたり、気持ちをシェアできる仲間がいるのはとても心強いことだ。それが叶わなかったご家族に会ったとき、申し訳ないような気持ちになる。

　それは、いわゆる「健常」と呼ばれる子どもを持つ保護者たちが、数のうえで圧倒的に多く、支援が必要な子どもの保護者の「困り」になかなか思いをはせられないのに似ているように思う。その状態を放っておくと、障害のある人たちや支援が必要な人たちのなかにも分断を生んでしまうんじゃないか。子育てをしていれば誰もが経験する、いろんな場面場面での心細い気持ちを受け止めて、一緒に悩んだり考えたりしてくれる人たちが、障害のあるなし、支援の要・不要を越えて必要だと考えるに至った。

　世の中には、いろんな少数派、多数派がいる。イギリスにいたときは、私も少数派だった。でも悲しくはなかったし、不自由を感じることもなかった。あのときの少数派だった自分と、今、少数派のジェイミー。この違いは何なんだろう。ずっと考えるうちに大きな違いは、無理解と無関心なのじゃないかと思いついた。

　スティーブがよく使う言葉に「エンパシー」という言葉がある。立場のまったく違う人についてその人の置かれた状況や気持ちを思いやり、理解するという能力だ。同情したり共感したりする「シンパシー」とはまた違う。特別な行動を起こさなくてもいい。社会の大多数がエンパシーを持つことができれば、日々の行動はおのずと変わり、世の中は大きく変わるんじゃないだろうか。

ジェイミーが小学校へ入学して私とスティーブが最初に提案したのは、学校掲示板の利用だ。悩みを心に抱えたまま学校の近くへ行ったとき、「大丈夫だよ、みんなおいで」と書かれたポスターが目に入ったら、どんなに心強いだろう。

　大阪市内には300校近くもの小学校があり、そのほとんどの学校に掲示板がある。それを使わない手はない。

　手始めに、ジェイミーが通っている小学校の教頭先生に「うちの学校だけでも実現させてください」とお願いした。最初は子どもたちのイラストで「みんなおいで」とか「一緒に学ぼう」とか描いていただけたら、とお願いしたのだが、教頭先生は、教育委員会が作成したリーフレットのフォーマットと文言を引用したポスターをつくってくださった。なるほどこれなら、大阪市の基本的な考え方「共に学び、共に育ち、共に生きる」が明記してあってわかりやすい。

　でも、それでは殺風景なのでと、学校をバックに、車いすの子どもや肌の色の違う人たちが集うかわいらしいイラストをよしみさんから提供していだいた。イラスト入りフォーマットの学校名のところだけを差し替えて、各学校のコメントを入れれば、どこでも使えるＡ３サイズのポスターだ。校区の小学校では早速掲示板に貼りだしてくださった。

　できあがったポスターを教育委員会に持参し、「これ、うちの学校で掲示しているんですが、市内全域でできませんか？」ともちかけてみた。しかし、「いやー、市内の全校というのはねぇ」と反応は鈍かった。

　「何度働きかけても実現しないんで、もう疲れてきました」

　困ったときの"知恵袋"である岡本さんにこぼすと、「あんたはもっ

と汗かかな、アカン」とおっしゃる。

「ジェイミー君の小学校へ足を運んで、教頭さんに話したら、通じたんやろ。自分の足で、市内の学校を1軒1軒まわりなさい。話したら現場の先生はわかってくれると思うで。教育委員会みたいな組織にいたら、個人的にいいアイデアやと思っても動きづらいけど、現場の先生たちはきっと動いてくれるで」

なるほど！　手始めに自分が住んでいる区からあたってみよう。ポスターを見せ、小学校の名前のところだけ入れ替えれば使えるからと、何校かにお願いしてみると、どこも快諾してくれた。なかには「ありがとうございます。本来、こういうことは校長会で取りあげなければならないことです。私が責任をもって校長会で取りあげます」と言ってくださる校長先生もいた。

そうこうしているうちに教育委員会から連絡が入り、市内全域のすべての小学校でポスター掲示ができるようにテンプレートをつくって通達を出したとおっしゃる。ジェイミー4年の春のことだ。3年をかけてやっと実現した。


この取り組みは、毎日新聞や毎日小学生新聞でも記事として紹介された。毎日小学生新聞は全国版の一面で扱ってくださったので、他府県からも「ぜひそのポスターを見たい」「うちの地域でも取り組みたい」という問い合わせが相次いだ。さらに、顔なじみの商店街の店主からうれしい知らせが届いた。

「新聞の切り抜きを店先に貼っていたんだよ。そうしたら、この間、その記事見て涙を流している人がいてさ」

店主も目を潤ませながら教えてくれた。

　その人は、以前の私のように、ひとり悩んで胸を痛めていたのだろうか。つらい思いをしてきた人たちに言ってあげたい。

　「大丈夫、あなただけじゃない。一緒に考えて乗り越えましょう」

毎日小学生新聞（2018年4月12日）▶

毎日小学生新聞

◎ MAINICHI ◎

発行所 毎日新聞東京本社 東京都千代田区一ツ橋1-1-1
〒100-8051 電話(03)3212-0321

毎日小学生新聞編集部
郵便 〒100-8051（住所不要）
ファクス 03-3212-2591
電話 03-3212-3274
メール maishou@mainichi.co.jp

# 障害児 一緒に学べるよ
## ダウン症児家族らポスター作る

ポスターの前で笑顔を見せる（左から）佐々木サミュエルズ・スティーブさん、ジェイミーさん、弟のジョシュアさん、純子さん家族＝大阪市淀川区の市立北中島小で

障害のある子どもが地元の小学校に通えることを知ってもらおうと、大阪市淀川区の市立北中島小学校に通うダウン症の男児の両親と学校が協力してポスターを作りました。同じような悩みのある子どもや親からの相談を受け止める姿をアピールします。大阪市の教育委員会も取り組みを後押しし、すべての市立小にポスターの見本を配り、新しい1年生が入学する4月に張ってもらうよう呼びかけます。　【林由紀子】

この男児は、新4年生の佐々木サミュエルズ・ジェイミーさん（9）で、ダウン症の知的障害があります。ニュージーランド出身の父スティーブさん（40）と母純子さん（48）は、多くの障害児が通う特別支援学校ではなく北中島小で学ぶことを望み、学校に入る前に相談しました。当時の学校は受け入れに前向きではないと感じ、「一時はあきらめた」そうです。その後、大阪市の教育委員会の仲立ちが入り、2015年に入学。友達にも恵まれ、運動会では手助けがなくても1人で走れるようになりました。

大阪市の就学相談
～障がいのある子が地元の小学校に向けて～

北中島小学校では...

大阪市立北中島小に掲示されているポスター

## 大阪市立小 「安心して育てて」

こうしたいきさつを踏まえ、スティーブさんが「どの子もみんな一緒に学べる」とポスターを提案しました。ポスターの大きさはA3判（縦42センチ、横29.7センチ）です。ポスターには障害のある子も地域の小学校で学ぶことを基本とし、入学する学校を決めるに当たっては、本人と保護者の希望をできる限り重んじる大阪市の考え方を紹介。先生や子どもたちが笑顔で集うイラストに、「保護者の皆様が学校と一緒に、すべての子どもを安心して育てられるようがんばっていきます！」との学校のメッセージを添えました。

純子さんが知り合いの親を通じて他の小学校の親にも、いくつかの小学校にも張ってもらうように頼むと、いくつかの学校が応じました。ポスターを見て、相談をためらっていた障害児の親が訪れたこともあるといいます。

家族と一緒に登校するジェイミーさんは、ポスターを見せると、ふんわりとした笑顔を見せます。純子さんは「ハンディがあっても地域の子どもたちと一緒に育つ子が一人でも増えてほしい。だれもが生きやすい社会を作る一歩になる」と話しています。

## 第3章
# 6年間の成長
## ―みんな一緒だからこそ―

## ジェイミーの学校生活

　小学校でジェイミーがどんな学校生活を送ってきたか、少し紹介しよう。

　あんな騒動があったのだから、一体どんなふうに受け入れられるのだろうと、おっかなびっくりの入学だった。でも、子どもたちは相変わらず、私たち大人の心配をひっくり返してくれて、幼稚園からのお友だちはいつもどおりだったし、新しいお友だちもできた。"いす"の転倒事故があって転園してしまった保育園で一緒だったお友だちとの再会もあった。当時まだ3歳だったのに、ジェイミーのことを覚えていてくれて、再会を喜んでくれた。子どもたちは屈託なく接してくれていたようだが、それでも最初の1～2年間は大人たちの支援について、引っかかることもいろいろあった。

　ジェイミーは特別支援学級に"籍"を置いているけれど、"席"は通常学級にあり、特別支援担当の先生のサポートを受けながら通常学級で

終日過ごすことになっている。しかし、先生の判断でときどき教室から
出されていたらしい。連絡帳に「ちょっとゆったりしました」などと書
かれていることがある。「ゆったり」した、というのは、教室にいられ
なかった、ということだよね。ジェイミーのことを心配してそうしてく
れたのならうれしいけど、みんなにジェイミーは教室にいなくてもよい
子、と思われたのなら悲しいなと思った。

　家庭科の時間、外に出てたらいで上履きを洗う授業のときも、ジェイ
ミーだけ「もう気がすんだでしょう？　寒いからなかに入りましょう」
と言われたことがある。喘息もちのジェイミーを心配してくれたのかも
しれないけれど、もしかしたら、なかに入りたかったのは先生だったの
じゃないのかな？　突っ込みたい気持ちはあったが、いちいち目くじら
立てることは得策でないと思い、がまんした。


　残念だったのは、トイレトレーニングだ。これは私たち両親の大きな
判断ミスだったと、今でもジェイミーに申し訳なく思っている。ジェ
イミーは幼稚園ではパンツにしてもらって、パッドをあてて通ってい
た。そのころはときどき失敗するものの、オシッコはほぼトイレででき
るようになっていた。できれば小学校でも同じ方針でお願いしたかった
が、「気がすんだでしょう」の先生に「トイレが完璧じゃないなら、1
年目はオムツにしてほしい。そこまでの支援はちょっと……」と言わ
れ、パッドを使うことは諦めてしまった。鳴り物入りで入学している手
前、また私たち夫婦が意見を通して迷惑をかけた、と言われたらどうし
ようという気持ちもあり、オムツにしてしまったのだ。すると、ジェイ
ミーもそのほうが楽ちんだから元に戻ってしまい、定時排泄ができなく

なってしまった。

　「気がすんだでしょう」の先生は２年目にいなくなり、別の先生が担当してくださることになった。新しい先生に、トイレのことを相談すると、驚かれたあとでちょっと考えてから「明日からもうパンツで来てください」と言ってくれて、そこから長い長いトイレトレーニングが再開した。それは、中学生になった今も続いている。特別支援担当の先生に伝えて、トイレに間に合う日が続き、「もう大丈夫かな？」と思いはじめたころに、ぬれたパンツの入ったビニール袋を持って帰る。その繰り返しだ。１つひとつ、ゆっくりでも前進すれば、いつかゴールにたどり着くはず。たどり着いたらうれしいけれどたどり着かなくても、それはそれで受け止めていこうと思っている。

　特別支援担当の先生も考え方や方針はそれぞれで、合わないときには軋轢も生じる。けれど担任も含め現場の先生たちの多くは、ジェイミーの特性を理解し、温かく接してくれた。そして、私が想像したよりも数多くの先生が、子育て中のお母さんお父さんでもあることに気づいた。うちなんてふたりでもいっぱいいっぱいなのに、先生たちは一日の大半を何十人もの子どもと過ごすのだ。本当に尊いお仕事だなぁと思う。ジェイミーに限らず、日々一人ひとりの子どもたちと向き合う一生懸命な姿を目の当たりにして、私も先生たちを応援したい気持ちになっていった。

# 花丸はがんばりの証

　ジェイミーは読み書きができない。鉛筆でシューッと横に引かれた1本の線。グルグル、シャッシャッと引かれた線。それがジェイミーの今書ける精いっぱいの文字であり、サインだ。連絡帳などは友だちが代わりに書いてくれている。そんな調子だけれど、宿題やテストの答案用紙は、大きな花丸付きで返ってくる。

　「だって、お母さん、解答欄のマス目のなかにちゃんとジェイミーのサインが入るようになったでしょ？　こういうところに成長がみられる、と僕たちもうれしく思っているんです。がんばって書いたんだから花丸です」と先生。本当だ、今までのグルグルのサイズがひとまわり小さくなって、解答欄に収まっているものもある。すごいな、先生よく気づいてくださったなぁ、と感動した。

　点数はつけられないけれど、テストの間、みんなと一緒にじっと座っていられたことも花丸なのだ。

　ジェイミーへのこうした評価は、このときの先生だけではなかった。学年が変わっても引き継がれ、多くの先生が理解ある対応を示してくれた。そして、中学校になった現在でも、ジェイミーなりの努力を評価してくださり、花丸は続いている。（まさか中学校で我が子が花丸をいただいて帰ってくるなんて当時は思いもしていなかったことだ。）点数では測れないジェイミーなりの成長を温かく見守ってくれる先生たちとめぐり会えたのは本当に幸せなことだと思う。

小学校２年生のときの担任の先生に、ダウン症のお子さんを育てている保護者さんの体験話をしたことがある。16歳を過ぎて言葉が出るようになったお子さんが「お母さん、僕が小さかったころ、こんなふうに言ったでしょ。僕はあのとき反論できなかったけどこんなふうに思ってたよ」というような話だった。

　先生はその話をクラスの子どもたちにしてくれた。「ジェイミーは今どんなふうに思っているんだろうね。いつか聞かせてくれるかな」と話したら、子どもたちからブーイングがあがったそうだ。「ええー？　先生はジェイミーが言ってること、まだわかってへんのぉ？」と。

　先生は「私、ショックでした」とおっしゃる。子どもたちを前にして、もしかしたらわかっていなかったのは自分だけなのかと、愕然としたそうだ。以後は子どもたちに通訳してもらい、それをジェイミーに確認するというふうにコミュニケーションをとったりしてくださった。

　３年生のときの担任の先生は、こう連絡帳に書いてくれた。
　「自分の子どもが言葉を獲得していくのを目にして、とてもうれしかったのを思い出します。その喜びをもう一度、いま教室で、ジェイミー君とクラスの子たちと一緒に体験できるのは本当に幸せなことです」

　先生たちも試行錯誤の毎日だったと思う。低学年のときは「あいうえお」の大きななぞり書きを用意して、文字を覚えさせようとすごくがんばってくれたが、結局、読み書きできるようにならなかった。私はありがたいのと申し訳ないのが入り交じって複雑な気持ちだった。
　でも先生方は、文字にこだわらず、マス目のなかに書けていることに

気づき、評価のポイントを変えてその努力をほめてくれるようになった。それを見ているクラスの子どもたちは、連絡帳に「静かに座っていられてすごかったね」と書いてくれたりする。

　ジェイミーにかぎったことではない。たとえば、体育の走り高跳びの授業では、跳べた子にも、跳べなかった子にも、クラス全員で拍手を送る。

　支援担当の先生はこう言ってくださった。「ほかのクラスがいけないとかそういうことじゃないんです。でも、ほかのクラスでは、跳べたときにだけ拍手が出ます。ジェイミー君のクラスは、跳べても跳べなくても拍手。みんなが、それぞれの精いっぱいで跳んでいる姿に、結果を問わず拍手しているのを見ていると、何とも言えず、とても温かい気持ちになります。子どもたちから学ばせてもらう毎日です」

　人としてのやさしさを学んで成長していく子どもたちは最強だと思う。こんな経験をして育つ子どもが増えて、いつか社会に出て、親になったら、社会の意識も少しずつ変わっていくのではないだろうか。


## ひとりで走る、一緒に走る

　1年ごとの成長が目に見えて感じられたのは、運動会だった。

　1年生の徒競走では、先生に手を引かれて走った。2年生のときはふたりの同級生が伴走してくれた。3年生になって、初めてひとりで走りきった。ひとりで走れるようになったんだ！　ゆっくりだってかまわない。うれしくて誇らしくて胸がいっぱいになった。

一緒に走った男の子は、ビリのジェイミーが気になるようで、何度も振り向きながら走っていた。そばにいたその子のお母さんが声をかけてくださった。

　「うちの子、ジェイミー君のことが気になってしゃあないから、走りながらもずっと目が離されへんねんな。ジェイミーと一緒に走るで！って教えてくれたけど、本当に一緒に走ってるなぁ」と目を細められた。

　もしかしたら、その子はジェイミーのいないかけっこではビリになったことがあるかもしれない。最下位の気持ちがわかるからこそ、後ろを一生懸命走ってくるジェイミーのことが気になって気になって、振り返りながら走ってくれていたのかもしれないとふと思った。その姿はとびきりに素敵で、地域の方も目頭が熱くなったとおっしゃって、ジェイミーやまわりの子どもの成長を喜んでくださった。

◀ 運動会リレーも
　お友だちのサポートで

　迎えた４年生の運動会。もちろん、ひとりで走ってくれるのだろうと期待していた。ところがジェイミーは、前の年、ジェイミーを気づかっ

ていた男の子に手を引っぱられて、つんのめるように走った。

　正直、がっかりした。ひとりで走れるなら、遅くなっても手伝わずに走らせてやってほしい。私の気持ちを知っている先生たちも「すみません、練習では手を引いたことなんてなかったんですけれど……」と申し訳なさそうにして謝りに来てくれた。

　でも昼休みのあと、担任の先生から電話がかかってきて謎がとけた。ジェイミーが給食を全部もどしてしまったという。体調が悪かったのだ。手を引いた男の子は、ジェイミーの様子をいつも見ているから、走る前にしんどそうなのがわかったのだ。それで「ぼくが手を引いてあげなくちゃ」と、とっさの判断で手を引いて走ってくれたのだ。そばにいた大人たちは私を含めて誰も気づかなかったのに。

　まわりの子どもたちも、ジェイミーと一緒に成長していた。「みんな仲よくしましょう」なんて、大人の言葉かけだけでは伝わらない、本当の仲間が育っているのが感じられた。


## インクルーシブな学童の仲間たち

　うちは共働きなので、ジェイミーは放課後、「つくしクラブ」という学童保育に通っている。つくしクラブを運営する東淀川区の保育園、聖愛園は　1970年代初めから障害のある子どもを受け入れている。「障害を持つ子も持たない子もひとりひとりの違いを大切にし、互いに育ちあう仲間作りを！」という理念を掲げ、卒園児を中心に学童保育も行っているのだ。

「この園では、重度身障者の子もストレッチャーでキャンプに連れていくし、車いすの子も海に入るんだよ」と聞き、学校が決まるより先に学童はここにと決めていた。特別支援学校へ行くことになった場合、放課後だけでも、ともに育ちあう環境で育ってきた子どもたちと過ごせたらいいなと思ったのだ。

　保育所のころから障害のある子と当たり前にともに過ごしてきた学童の子どもたちは、ジェイミーのことも特別扱いせず、「できるやろ」という感じで対等に扱ってくれる。その信頼に応えようとがんばることで、ジェイミーはひとまわり大きく成長できたと思う。

　つくしクラブの行事にも運動会はあるが、小学校の運動会と違うのは、何事も先生主導でなく、子どもたち自身が考えることだ。たとえばリレーのとき、ジェイミーと同じ組になっても、やっぱり勝ちたいから、どうすればジェイミーを少しでも早く走らせることができるか、みんなで知恵をしぼるのだ。

　リレーは伴走形式だった。ジェイミーにバトンが渡ると、伴走の子が「ピッピッピッ」と笛を吹きながら横を走る。ジェイミーは笛の音につられて、一生懸命走る。手を引いて走ったほうがたぶん速いのに、「ピッピッピッ」とジェイミーのリズムを整えながら並走する。

　足を引っ張る子は排除しようと考えてしまいがちな大人たちがいる一方で、子どもたちの発想のなんと豊かで柔軟なことか！

　そして、ジェイミーが原因で白組さんの負けが決まってしまったときは、白組の子どもたちはまわりを気にすることなくワンワン悔し泣きした。

親としては申し訳なくて、その場にいるのがつらい出来事ではあったが、同時に、対等に扱ってくれる気持ちがうれしかった。

6年生のリレーでは、もう笛なしでニコニコしながらひとりで走った。高学年の組体操も子どもが自分たちで全部考えて完成させる。新型コロナウイルスの感染拡大を防止するため、追い込みの練習が十分できず、リハーサルは当日の午前7時半。ほぼぶっつけ本番になったが、ジェイミーは特別な付き添いもなく、みんなの動きと声がけについていき、大技のリフトでもサポート側に入って支えた。

## アウトドアの貴重な体験

つくしクラブでは、アウトドア活動にもたくさん参加させてもらった。宿泊行事としては、夏はキャンプ、冬は雪山へ行く。冬の雪山では、低学年は雪遊び、高学年になるとスキーに挑戦する。スキーには保護者も参加できるので、5年生の冬には雪に馴染みがないスティーブも「楽しそう」と軽い気持ちでついていったのだが、それどころではなかった。スティーブいわく、「死ぬかと思った」。

山に着くと大人はみんな子どもの世話や自分が滑ることに忙しいので、スティーブはスノーボードを渡され、ひとりでゲレンデに出ることになったそうだ。スケートボードができるので、初めてでも大丈夫と思われたらしい。言われるまま、ほかの保護者や子どもたちと一緒にリフトに乗って山頂へ行ったが、スノーボードはまったく思いのままにならない。このまま谷底に転がり落ちて死ぬんじゃないか、と山頂に

いる彼から電話がかかってきた。そんなアホな。初心者なのに山頂に行っちゃったの？「僕どうしよう？」と言われても、こちとら英会話スクールのレッスン中だ。携帯から送られてきたリフトの看板写真には「下りは乗車しないでください」と書いてある……。

　「もう、歩いて下りていらっしゃいよ」

　というわけで、ほうほうのていで下山したらしい。指導員の先生たちや、付き添いで行った保護者のみなさんに「パパ、めっちゃ上手そうに見えたんです」とあとですっごく謝られた。……人は見た目で判断しちゃいけない（笑）。


　そんななか、保育士さんでもあり、学童の指導員でもある先生が、ジェイミーをリフトに乗せて雪山を登って行ったそうだ。命からがら下山してきたスティーブは必死で止めたようだが、「大丈夫、大丈夫」と、ほかの子どもたちと一緒に、小雪のチラつくなか行ってしまったという。

　雪は次第に本降りになり、風が強くなり吹雪きはじめた。心細い思いで山を見やっていると、視界のきかない吹雪のなかから「ワッハッハ、ワッハッハ」と聞き覚えのある笑い声が聞こえてきた。スキーをはいた子たちがどんどん滑りおりてくる真ん中を、そりに乗ったジェイミーが「ワーッハッハー」と笑いながらおりてくる！　よく見ると、スキー１級の腕を持つ園長が、そりを押さえながら後ろ向きに滑っていて、リフトでジェイミーと一緒に登っていった先生がゲレンデを走って（！）追いかけていた。そのまわりを子どもたちが「ジェイミー！」「ウェーイ！！」と楽しそうに声をあげながら滑り、ジェイミーは上機嫌で大笑

いしていた。

　なんてすごい先生と仲間たちなんだろう。このときのビデオを私もあとで見せていただいたが、本当に素敵だった。見ているうちに、笑いながらも涙で画面が霞んだ。

　最強・最高の先生たちと、分け隔てのない心を持つ仲間たちに囲まれ、貴重な体験をさせてもらったことは、ジェイミーの大きな財産になったと思う。


# 「お母さん」と呼ばれた日

　学校や学童以外でも、うれしい成長が感じられる機会はいっぱいあった。

　2年生の夏休み、保育園のときから一緒の女の子たちに盆踊りで出会った。ユラちゃん、ユメちゃんたちは、1年生のときからジェイミーの取り巻きのようにお世話をやいてくれて、スポーツができてダンスもうまいし、意見もハキハキ言う。

　「ジェイミー、久しぶり。ねぇねぇ、夏休み中、一緒に遊べないの？」

　あっという間に浴衣姿の女の子たちにワーッと囲まれてしまい、「わかった、わかった。じゃあ、みんなでどこか行こう。ウォーターパークへ連れていくよ」という流れになった。

　以来、スティーブが運転する車で、ジェイミー、ジョシュアと一緒に友だちも3〜4人を連れて、ウォーターパークなどへ出かけるのが夏の恒例行事になった。人数が増えたって、みんな自分でトイレにも行ける

し、何言っているかわかるんだもん、楽勝、楽勝！

◀ 盆踊りで女の子たちに
囲まれて

　9歳の夏、ウォーターパークで遊んだ帰り、駐車場に向かって歩いているときのこと。ジェイミーが急に「お母さん」と呼んだ。
「うわー！　いまジェイミー、お母さんって言った！」
　我が家の共通言語は英語だから、6歳ぐらいのころから「ママ」「マミー」とは呼ばれていた。幼稚園や小学校へ行くようになり、だんだん日本語の語彙は増えていったけれど、「お母さん」と呼ばれることはなく、まさか自分が「お母さん」と呼ばれる日がくるとは思ってもみなかった。
　うれしくて「もう一度言ってごらん」とうながしたが、知らん顔して黙っている。えー、一回きりなの？　そう思ったとたん、隣に座った子が「ねえねえ、ジェイミー、お母さんのこと呼んでみてよ」と話しかけた。すると、ジェイミーがまた「お母さん」と呼んだ。言えるじゃない、うれしい！　帰ってから、「お母さん」と呼ばれることはなかった

けれど、普段から口数の多いほうではないから、感激は胸に秘めて、そのままにしていた。

　次の夏休みも、みんなでまた遠出のお出かけをしたのだが、このときもジェイミーが「お母さん」と呼んだ。そこでやっと気づいた。一緒にいる友だちがみんな私のことを「ジェイミーのお母さん」「ジェイミーのお母さん」って呼んでいたからだったんだね。とぼけた話だけれど、1年越しでやっと気づいた。友だちの言葉を一日中洪水のように浴びて、ジェイミーも「これはジェイミーの"お母さん"なんだ」とわかったんだ！　やっぱりみんなと一緒にいることって大事だな。

　覚えてくるのはいい言葉ばかりではない。「キサマ」なんて言葉をどこかで覚えてきてしまうこともある。
　突然、大声で、「出ていけー！」と叫びだしたときはびっくりした。家ではあまり日本語を使わないので、どこかで言われたにちがいない。何があったんだろう？　やんちゃだから叱られるのはしょうがない。でも親としては、我が子が「出ていけ」と言われていたら、心穏やかではいられない。学童でお世話になっている先生に相談してみた。学童のやんちゃ男子たちの間でも、そんな言葉は使っていないとのことだった。そこで、学校で特別支援担当の先生に聞いてみた。
　「ジェイミーが、"出ていけー"ってしきりに言うようになったんですけど、何かあったでしょうか」
　この先生はジェイミーからも、ほかの子どもたちからも信頼絶大だ。何かご存じに違いない。すると、学生時代に柔道をしていたというがっ

しりした体躯の、岡崎先生はハッとしたように顔色を変えた。

「すみません！　それ、僕やと思います」

あわてて説明する先生の話を聞くと、あるとき支援学級の子どもに注意をしていると、その最中にランドセルに足を載せてドンドンと踏みつけ始めたという。

「支援が必要な児童だからといって甘やかすんじゃなくて、親御さんが一生懸命働いて買ってくれたランドセルを、そんなふうに扱っちゃいけないということをわかってほしくて、叱ったんです。でも『うるさいな、そんなに怒るんなら出ていく』と言うから、『それなら、出ていけー！』と思わず大きな声を出してしまった瞬間に、ジェイミーが廊下を通りかかって……見られていたと思います」

しきりに申し訳ありませんと繰り返す平謝りの先生の話を聞いて、その光景が目に浮かび、おかしくなった。ジェイミーは大好きな先生がバシッと言うのを聞いて「イケてる！　先生、カッコいい！」と思ったにちがいない。それで、やたらとまねしだしたのだ。

前後の脈絡なく、ちょっとやってみたいと思ったときに、唐突に「出ていけー！」と叫ぶのには困ったけれど、子どもってそういうところあるよね。自分だって子どもの頃はそんな風にして大人を困らせたこともあったなぁとふと思い出した。子どもの気持ちを理解したとき、目の前の「困った行動」が「子どもらしい行動」だったことに気づいた出来事だった。

# 大きな声で胸を張って

　６年生の秋には、広島へ１泊の修学旅行に参加した。出発日の朝には６年生全員と保護者が集まって、壮行会が開かれる。平和学習の一環で、各クラスから選ばれた代表が前に出て、一言ずつ目標を発表する。ジェイミーもクラスの代表として、岡崎先生と一緒にメッセージを読みあげた。

　「ぼくは、へいわきねんしりょうかんで、たくさんのことをべんきょうしてきます。いちばんのたのしみは、ホテルのごはんです。コロナのえいきょうで、おはなしはできないけど、ともだちといっしょにたべるのがたのしみです。ケガしないように、いってきます。

　　　　　　　　　　佐々木サミュエルズ・ジェイミー・アラン」

　といっても、正確には岡崎先生が読みあげ、ジェイミーは「○△×◎……です！」と語尾だけ合わせる感じ。でも、語尾がぴったりと合っていて、ジェイミーも一生懸命、岡崎先生と同じことを言っている心は伝わってきた。聞いている私は胸が熱くなった。同じように、聞いていて胸がいっぱいになったと、ほかの保護者さんたちから口々に言っていただいた。大人たちの感動をよそに、"目立ちたがり"で人前に出るのが大好きなジェイミーは、大きな声で胸を張って発表しきった。
　これで自信がついたのか、それからは国語の授業で音読するときも、ジェイミーなりに積極的に参加するようになったそうだ。以前は、特別支援担当の先生方がみんなと一緒に音読して、ジェイミーは先生が読ん

でいる教科書を指でなぞるだけだったのだが、それ以後は声を出して読む。岡崎先生の声に合わせて、「○△×◎……です！」と大きな声で語尾を合わせたり、ときにはひとりで読みはじめたりもしたそうだ。

　普段、学校では友だちと同じバリバリの大阪弁で、「……でなぁ」「それでぇ……」「……やでぇ」といった調子でしゃべっているが、授業中の発言や音読のときは「……です」としっかり区別している様子がわかります、と先生が教えてくださった。学校にいれば、子どもだってそれなりに公私の使い分けを身につけていくものなんだ。集団の力、ってすごいな、と改めて思う。

## 学年違いのセンパイたち

　愛想がよく物怖じをしないジェイミーだが、いったんヘソを曲げたらちょっとやそっとでは機嫌が直らない頑固な一面もある。

　ある冬のこと、かかりつけ医で順番待ちをしていると、待ち時間にだんだん飽きてきたのか、大きな声を出し始めた。「シーッ。しんどい人もいるんだから、静かにしようね」と何度なだめても、すぐに「ヒュー！！」と大きな声を出す。自分の声が反響するのが楽しいのか、だんだん高揚してきて、やめさせようとしたら怒り出した。

　困ったなぁ。私ひとりで病院に連れてきたのはよくなかったなぁ。パパも一緒に来てもらえばよかったなぁ。順番が来るまでクリニックの外で待ってます、って受付で言おうかな。外は寒いけど、私だって、体調が悪いときに、このハイピッチの声を繰り返されたらつらいもん……。

　そのとき、目の前にグローブみたいな大きな手が出てきた。びっくりしてジェイミーも私も顔を上げると、クラスメイトのマシロちゃんのお兄ちゃんの笑顔があった。

「わー。お兄ちゃん、中学生になったの？　めっちゃ大きくなったわね！」

「ハイ。今、野球部なんです。ジェイミーも大きくなりましたね。ジェイミー、元気か？　どこかしんどいの？」

　ジェイミーはすっかりニコニコ顔になり、おとなしくそのお兄ちゃんの隣の席に陣取り、もたれかかって甘えていた。お兄ちゃんの「静かに待っとこうな」には、ウン！と頷いているジェイミー。親の言うことは聞かなくても、お友だちや先輩の言葉は素直に聞けるんだから不思議になるが、同じようなことは数えきれないほどある。

　ある夏のこと、ジェイミーは原因不明の脱毛症で頭がツルツルになるほど禿げてしまった。いじめられたりしないかと心配したが、学校ではいつもと変わりなく楽しく過ごしているようだった。それでも病院や少し離れた公園などに行くと、ジェイミーの禿げ頭にギョッとする子どもたちもいた。

　休日に家族で散歩していたときのこと、中学生の一団が私たちを追い越して行った。10人ちょっといた子どもたちのなかには、ツルツルに禿げていて、独特の歩き方をしているジェイミーのことを明らかに「異質なものを見る目」で見ている子どももいた。やっぱり中学生ぐらいになると難しいのかな。あんな怖い目で見なくていいのに、と思っていると、自動販売機のところでたむろしている、その少年たちに追いついた。

ジェイミーは何を思ったかフラフラとそちらへ向かい、そのなかのひとりに近づいた。「あっ。ジェイミー、何するの！？」とヒヤッとして駆け寄ろうとしたとき、ジェイミーにびっくりするぐらい近寄られた男の子が、少しかがんで自分から顔を近づけて、両手でジェイミーのほっぺを包みこむと「おう、ジェイミーじゃん。大きくなったな」と、一言。

　それを聞いて「ほんとだ。ジェイミーじゃん」と数名がジェイミーを取り囲んだ。「おっきくなったじゃーん」「こんなところで何してんの？」などと口々に声をかけてくれて、ジェイミーはとびきりの笑顔でニコニコしている。

　彼らの後ろのほうには、気味悪そうに見ている子たちもいたけれど、小学校の縦割り活動などでジェイミーと一緒に過ごしたことがあるという少年たちには、ツルツルの頭なんて、まるで目に入っていないようだった。小柄で、ひょろひょろのジェイミーから、赤ちゃんのようだった低学年のときの面影が見てとれたのかもしれない。一緒に育つってこんなに違いが出るものなのかな、と思った一瞬だった。

　ジェイミーは弟しかいないから、こういう数学年上のセンパイとふれあう光景は新鮮だった。一人っ子や2〜3人きょうだいで育つ今の子どもたちにとって、異学年との交流は大切なものにちがいない。家族とも、同学年の友だちとも違う、微妙な距離感は、やはり学校で一緒に過ごさないと味わえないだろう。

◀ お友だちのお兄ちゃんにも
仲良くしてもらったよ

# 「できている」ことに気づく

　6年生の1月に、先生たちの研究会があり、オンラインでリモート参
加させてもらったのだが、以前、大空小学校に勤務していたという先
生の発表で興味深い話を聞いた。異動になって勤務している今の小学校
に、1年生からずっと特別支援学級で過ごしてきた子どもがいて、6年
生になった年に担任になったその先生が「僕のクラスにいれてくださ
い」と申し出たという。入学以来、初めてほかの子どもたちと同じ教室
で過ごすようになったわけだ。すると、その子のお母さんから「先生、
ありがとうございます！　友だちの名前を言えるようになりました」と
報告があり、ふたりで喜び合ったというのだ。

　その話を聞いて、ハッと気づいたことがある。ジェイミーは長い長い
間、自分の名前を言えなかった。英会話スクールの初心者クラスでやる

ように、家族で輪になって"Who's this?"とお互いを指し、名前を言い合うゲームで言わせようとしたことは今までたびたびあったが、いつも"ミー"止まりだった。ジェイミーの"ミー"か。英語の"Me"ともとれるから、あながち間違いじゃないけど。

でも友だちの名前は幼稚園のころから言えたのだ。小6になってもミサちゃんのことをうまく言えなくて、「チェサ」と呼んでは「ちがうで、ミサやで」と突っ込まれたりはしているけれど、カイリ君、アヤト君のような発音しにくそうな名前でも「カイリ」「ァヤトー」と呼んでいた。

親は、できないことばかりに目がいってしまうけれど、ほかの子の話を聞いて「できている」ことに気づくこともある。ジェイミーは確実に一歩ずつ成長しているのだ。「できている」ことを当たり前のように思い、つい鈍感になっていた。ジェイミー、ごめんね。

それからまもなく、ジェイミーは自分の名前もちゃんと言えるようになった。いつものように、"Who's this?""ダディ"、"Who's this?""ジョシュア"と言い合って、自分の番がきたとき、"ジェジェ、ジェイミー"とスルッと言った。ヤッター!

それまでは言えそうでも、「言ってやるものか」という感じだったのだけど、「まぁ、付き合ってやるか」と思いはじめたのかな。言葉の問題だけではなく、対人面での成長も感じられる出来事だった。小学校卒業が近づいた6年生3学期のことだった。

# 「ジェイミー君と同じクラスでよかった」

　笑ったり、怒ったり、ちょっと落ち込んだり、がんばろうと思い直したり……。そんな日々の積み重ねで6年間が過ぎた。ゆっくりかもしれないけれど、ジェイミーはどんどん成長していっている。日々の生活に忙しくて、振り返っている余裕がない分、たまにふと気づくのは、めざましい成長ぶりだ。

　やっぱり一番大きいのは、まわりの子どもたちのすること、言うことを見聞きして覚えていくこと。膨大な日常のインプットとアウトプットの繰り返し。毎日同じ教室で一緒に過ごしていなければできない"学び"の大切さをつくづく感じる。

　「迷惑をかけてしまうんじゃないか。ジェイミーにとって、一緒にいるのがよいことでも、ほかの子たちにとってはどうだろう」

　そんな心配や遠慮もあった。しかし、ある日、同級生のお母さんに言われた。

　「ジェイミー君と同じクラスでよかった。うちの子、難しいところがある子だったの。でも、ジェイミー君と同じクラスになって、本当に変わった。親の私には、それがジェイミー君のおかげだってわかるの。ありがとうね」

　ジェイミーの存在がまわりの子たちにもいい影響を与えていると先生からはうかがっていた。でも、同情や慰めの気持ちから言ってくださっているのかもしれないと思っていた。実際に同級生のお母さんからそう言ってもらえて、涙が出るほどうれしかった。

ほかにもママ友たちには感謝したいことがいっぱいある。

　低学年のころのジェイミーは、言葉がでない分、感情がうまくコント
ロールできなくて、噛んだり引っかいたりというトラブルを起こすこと
もあった。

　やっと噛みつきや引っかきのトラブルが落ち着いてきた、と思った4
年生のとき、ジェイミーが2日連続でお友だちに噛みついたという知ら
せが学校からあり、私はすっかり落ち込んでしまった。1日目の噛みつ
きは理由もわかり、ジェイミーはお友だちにごめんなさいをして許して
もらい解決した。でも2日目にミサちゃんに噛みついてしまった原因に
ついてはさっぱりわからなかった。

　ミサちゃんは小学校から一緒になった子で、ジェイミーのことをいつ
も気にかけてくれている。普段やさしくしてくれる子に噛みついたりす
るのは、家で何かあったからではないかと心配して知らせてきてくれた
のだ。しかし、思いあたる節はない。学童に問い合わせても、とくに変
わったことはなかったという。保育士の資格を取るために大学で学びつ
つ学童の指導員をしていたおーちゃんは、こう言った。

　「ジェイミー君は理由がなくて噛んだりする子じゃないと思います。
何か嫌なことがあったんじゃありませんか？」

　そうだろうか？　なぜお友だちに痛い思いをさせるの？　私たちは、
家でジェイミーが嫌だと思うことを気づかずにしていたのかな？　ミ
サちゃんがジェイミーに嫌なことをするなんて想像できない。ジェイ
ミー、どうしちゃったんだろう。


　途方に暮れて、ミサちゃんのママにお詫びの電話をして原因がわから

ないことも話した。すると、「ジェイミー君が腹立つの、わかるわー」
と思いがけない反応が返ってきた。

「えっ、どういうことですか？」

驚いて聞き返すと、ミサちゃんに聞いた話を教えてくれた。

最初、ジェイミーは教室で癇癪を起こしてしまい、気を静めるために
特別支援担当の先生と廊下に出た。先生がトイレのセットやタオルを取
りに教室に戻ったとき、ミサちゃんは廊下まで出てきて、ひとりで先生
を待っていたジェイミーに「大丈夫？」と声をかけてくれた。そこで、
ガブッと噛んだそうだ。

「私らが子どものころも、教室の外に立たされたときに、茶化しに来
たヤツおったやん。そんなんされたら、腹立つやん。ミサは、心配して
行ったかもやけど、ジェイミー君から見たら、立たされているところへ
冷やかしに来て、何か言われたら、プライドがあるし腹立つでぇ」

私にわからなかったジェイミーの気持ちを説明してくれた。目からウ
ロコだった。ミサちゃんを含め5人の子どもを育ててきたベテランママ
の洞察力と、自分の子がケガをさせられても感情に流されず、相手の親
の気持ちを思いやる度量の広さに脱帽した。

「ジェイミー君だからっていうんじゃなくて、子育てしていれば誰で
もあることよ。お互い様やん」

障害のある子の親はみな、ほかの子に迷惑をかけるのではないかと心
配する。とくにトラブルを起こしたときなどは、身の置きどころがない
ような申し訳なさにすくんでしまう。でも、迷惑をかけたらどうしよう
とためらっているママたちに言ってあげたい。

「迷惑をかけるのを恐れていたら、そういう出会いもないんだよ。一歩踏み出せば、すてきな出会いがたくさん待っているんだよ。勇気を持って踏み出そう」

◀ 弟のジョシュアと一緒に
　仲良く通学（３年生のころ）

# 第4章

## すべての子どもの 幸せと未来のために

## 「インクルーシブ教育をすすめる会」結成

　2015年4月、「インクルーシブ教育をすすめる会」(現在は「わくわく育ちあいの会」に改称)が発足した。

　ジェイミーの就学問題がきっかけでつながってきてくださった支援者の方たちから「この活動、まだ続きますよね。ジェイミー君が入学できて終わり、じゃないですよね」「つくってもらったパンフレットがちゃんと使われているかどうか、"絵に描いた餅"にならないよう、これからも話し合いを続けましょう」という声があがったのがきっかけだった。私自身、共感して支えてくださった多くの方とのつながりを大事にしたいと思ったことも大きい。

　「きっと私たちだけじゃないに違いない」と思っていたとおり、我が家のことが報道で流れ始めたころから、「子どもの就学に対する学校の対応が変わった」「姪に対する支援が突然すんなり決まった」などと、いろんなところからご連絡をいただいたりした。見知らぬ通りがかりの人に「おかげでうちも助かったんですよ。ありがとうございます」と感

謝されることもあった。関西テレビの迫川緑さんや映画『みんなの学校』の真鍋俊永監督も、会の結成に賛同してくれた。

　会員は子育て世代が多いことから、できるだけ負担にならないような活動を考えた。隔月の定例会でランチやお茶のかたわらざっくばらんに語り合い、悩みごとや困っていることを相談したり、活動のテーマを考えたりしながら、年に数回、大阪市教育委員会と意見交換することが主な活動内容だ。

　この会では、大阪府、大阪市だけでなく、今から育つ子どもたちが当たり前にともに生きていける世の中をめざしている。

　「インクルーシブ教育」という言葉が、文部科学省が推進する特別支援教育の制度の一部として使われ始めたのは2012年ごろ。そこでは「障害の有無に関係なく子どもたちが一緒に教育を受けられること」と説明されているようだ。しかし、私は個人的に「インクルーシブ教育」が“障害のある子どもたちだけが享受できる特別な支援”ととらえられていることに違和感を覚えている。障害のある子もない子もともに学ぶことはもちろんだが、もっと広い意味でいろんな個性や事情のある子、そしてそうでない子も含めて、考えてほしいのだ。すべての子どもがありのままに受け入れられる教育こそが真の「インクルーシブ教育」なのではないか。

## 学校に行きたい。

　署名活動で名前を出したり、マスコミに出たことで、いろんな方々が「インクルーシブ教育をすすめる会」の集まりだったり、私個人につながってきてくださった。なかにはいじめが原因で学校へ行けていない子どもさんたちやそういうお子さんの保護者さんたちもおられた。身体も心も傷ついて後遺障害が出てしまう子どもたちもいるということも知った。当たり前のことだけれど、ひとりの子どもが学校へ行けないことで、その子だけでなく、その子もご家族も、その子のことを大切に思っている人たちすべてが、とてもとても悲しい思いをしていることを自分事として感じた。

　普通に学校へ行けることはすごいことなんだと改めて思う。私にできることはささやかで、当事者やご家族の気持ちに思いをはせて、ただその場にいることだけだった。みなさんの話を聞いて強く思ったのは、障害のあるないにかかわらず、そこに「困り感」がある子どもがいて、助けを必要としていたら手を差し伸べるべきだということ。それはとてもシンプルなことで、誰もが学校に行けるようにまわりの大人がそういった環境を整えることが、ほかならぬインクルーシブ教育への第一歩ではないだろうか。

## シンポジウムと『みんなの学校』上映会

　ある日の「インクルーシブ教育をすすめる会」定例お茶会でのこと。

「インクルーシブ教育って言葉をもっと広めたいし、会の趣旨や活動も知ってもらいたいね。シンポジウムとか、どう？」

「『みんなの学校』の上映会もやりたいな」

「いいね。やろう、やろう！」

　メーリングリストで相談すると、多数の賛成の声があがり、大阪市北区社会福祉協議会や「Sunny Ones（旧ダウン症児親の会Sunny）」、北区民生委員児童委員協議会、大阪市教育委員会、関西テレビ放送の協力をいただいて開催することになった。

　2019年1月20日。会場の大阪市北区民センターには、保護者や学校の先生たち、地域の民生委員さんなど、インクルーシブ教育に関心を持つ人が大勢足を運んでくれた。

　昼から第1部として『みんなの学校』の無料上映会、そのあと第2部としてシンポジウムを開いた。大空小学校の元校長である木村泰子先生に基調講演をお願いし、多彩なパネリストから、日本のインクルーシブ教育の現状、インクルーシブな社会の実現に向けての問題と提言など、活発な意見交換がなされた。募集の定員500に対して、多めに用意した550のいすが足りなくなるほどの盛況ぶりだった。事後のアンケートでは、赤ちゃんを背負ったり子どもを連れて受付に奮闘していた「Sunny Ones」や「インクルーシブ教育をすすめる会」に好意的な意見ばかりだった。

　『みんなの学校』に登場するカズキ君も来ていた。客席にいるのを木村先生が見つけて、声をかけると壇上に上がって話をしてくれた。家庭の事情で施設にいたカズキ君も、18歳になるという。「高校を出たら就

職するけれど、お金をためて勉強していつかは学校の先生になる」と木村先生に報告をしていた。大空小学校で過ごした日々が、彼にとってどんなに大きなものだったことか。子ども時代に、ともに学ぶ経験をした先生が増えたら、日本の学校もどんどん変わっていくにちがいない。

# 「子どもの人権オンブズマン」運動

　2019年には、「インクルーシブ教育をすすめる会」で、「子どもの人権オンブズマン」制度を大阪市に導入してくれるよう、働きかける運動も始めた。「子どもの人権オンブズマン」とは、いじめ、差別、体罰、虐待などで苦しんでいる子どもたちを助けるためにつくられた、公的第三者機関である。1998年に兵庫県川西市の条例で日本初の「子どもの人権オンブズパーソン」が発足した。

　子どもをとりまくトラブルは、校内や家庭内の「もめごと」とみなされ、助けを求めるすべがないまま深刻化するケースが少なくない。そこで、学校の先生や家族とは違う第三者の立場で、子どもの話をしっかりと聞いて、子どもにとって一番いい解決方法を子どもと一緒に考え、手助けする制度が設けられたのだ。

　専門的な定義はともかくとして、私は多様な子どもたちが一緒に教育を受けることがインクルーシブな教育だと思っている。決して障害のある子どもだけが対象ではない。会のメンバーも、私自身も、子どもが小学校へ上がり、学年があがっていくにつれて、自分の子どもだけでな

く、自分の子どものまわりにいる子どものことも目に入ってくるように
なってきた。そして、学校で、あるいは学校の外で、もしかしたらしん
どい思いをしているのではないかという子どもたちの存在にも気づく場
面に出会うことがあった。

　どの子も大切にされて、安心して過ごせる環境が整ってこそ、本当の
インクルーシブな教育の場が生まれるのではないだろうか？　会のラン
チ会などで、「クラスで、その瞬間、瞬間に一番しんどい思いをしてい
る子どもを中心にして学級を運営するのが大阪で長く行われてきた『共
に学び、共に育ち、共に生きる教育』だと、長年先生をされていた方か
ら聞いたことあるよ。その瞬間に一番しんどい子が必ずしもジェイミー
君とか特別支援の必要な子たちではないわけだしね」と先輩お母さんが
教えてくれた。

　学校のなかで、いや、社会には目立たなくてもしんどい思いをしてい
る子たちがいるはずだ。子どもたちがどうやったら自分の気持ちや考え
を表明できるのかな。救済機関ってどこなのかな？　という話になっ
たとき、弁護士をしているメンバーさんから「子どもの権利」の話がで
た。そんなわけで、子どもの人権を考えるオンブズマンの活動に、「イ
ンクルーシブ教育をすすめる会」として自然に興味を持つようになっ
た。

　「インクルーシブ教育をすすめる会」の会員で、川西市の「子どもの
人権オンブズパーソン」で相談員をしていた渡邊さんにお話を聞かせて
いただいたり、数年前から実際に川西市に足を運んで、年次報告とシン
ポジウムに参加したりするうちに「大阪市にもぜひ！」と盛り上がって

いった。

　大阪市で条例を設けてもらうためには、大阪市議会の議員さんたちに動いてもらわねばならない。そこで、議員さんたちに説明してまわり、「ぜひ川西市へ視察に行ってください」とお願いした。

　2020年3月には、実現に向けて学習会を開催。千里金蘭大学の吉永教授をお招きして、川西市に「子どもの人権オンブズパーソン」ができた背景や、当時の川西市の状況、実現に至った経緯などをお話しいただいた。大阪市議会の全党派の議員さんたち、教育委員会、子ども青少年局の先生たちや職員の方が参加してくれた。ただ、新型コロナウイルスの感染が拡大しはじめたころだったため、集会に人数制限がかかり、保護者は3人しか行けなかったのだけが心残りだった。

　このあとコロナ禍が続き、要望書をあげる段階にはまだ達していないが、学習会は今後も継続していく予定だ。議員さんたちへは超党派で議案をあげていただくなど、何とか子どもたちが意見を表明し、救済される制度の実現にこぎつけるための協力をと呼びかけている。


## 「わくわく育ちあいの会」へ、改名！

　「インクルーシブ教育をすすめる会」をつくる少し前、日本では障害者差別解消法が制定され、国連の障害者権利条約が批准された。会のメンバーだけでなく、まわりの保護者たちからも「合理的配慮」という、耳慣れない言葉が聞こえるようになってきた。でも、私のモヤモヤ感は相変わらず解消されていなかった。

「インクルーシブ教育」とは「すべての子どもが能力や必要とする支援にかかわらず、同じ学校・同じ学級で学ぶ」ことという、ユネスコなどの定義を読むと、なるほどそうかと納得するのだけれど、どうも日本の「インクルーシブ教育システム」は、「すべての子どもが」じゃないっぽい。「障害のある子もない子も」とは言いながら「障害のある子」ばかりに焦点がいっているんじゃないかな。それは「特別支援教育」の現代版バージョン（という言い方が適切かどうかははなはだ疑問なんだけど）ではないか、という気持ちがぬぐえない。
　いろんな個性や事情のある子、そしてそうでない子も含めて、すべての子どもがありのままに受け入れられる教育が実現したら素敵だなと思って活動しているので、会の名前に「インクルーシブ教育」とつけてみたけど、どうもこの一語がかえってややこしくしてない？　という話になった。

　「カタカナってなんか難しそうだよ」
　「普通の人（って誰？）にはなじみがないかな？」
　「いっそ会の名前を変えちゃおうか？」
　「私たちみんな楽しくワイワイと活動できて、みんなが楽しく一緒に育つことを望んでる会だから、いっそ『わくわく育ちあいの会』なんてどう？」
　「子どもが育つ、だけじゃなくて自分たちも親として育っていきたいしね」
　「あー、そのほうが私たちの活動をうまく表しててわかりやすい！」

そんなやりとりを経て、「わくわく育ちあいの会」に改名した。


## 大阪市のテスト中心教育

「学校、テスト一色になっているみたいだけど、大丈夫かな？」
「中学ではチャレンジテストの結果で学校が評価されて、平均点が低いと予算が削減されるらしいよ」


　小中学生の父母たちの不安の声がFacebookで飛び交うようになったのは、2019年1月下旬。大阪市教育委員会が、大阪府や大阪市が独自に行う学力テストの結果を小中学校の校長の人事評価に反映させる制度を、2020年度から本格導入する方針を発表したのだ（全国学力テストと府や市独自の学力テストを含め、以下、学テ）。
　2018年に、当時の吉村洋文市長は大阪市の全国学力テストの結果が政令指定都市で最下位だったことから、テスト結果を校長や教員の給与や学校予算に反映させると会見で話した。そのときは大阪市教育委員会などの反対で実現しなかったが、2019年1月29日に発表された新制度では、大阪府や大阪市が独自に行う学力テストの結果を利用するという。学校ごとに成績目標を設定し、その達成度で校長を評価。校長はテストの結果で教員を評価する仕組みだ。
　大阪市の小中学校では、全国にも例を見ないテスト中心の教育が行われているという。ところが、保護者の立場からだと、実際のところは見えてこない。だって他の自治体がどんなふうなのか知らないので、よそ

でも同じように行われているのかと思ってしまうのだ。

　大阪市では、小学3年生から6年生までを対象に4教科の学力経年調査が行われ、6年生には全国学力テストが行われる。それに加えて2021年からは5・6年生にはすくすくウォッチという大阪府統一テストも行われるようになった。中学生になると全国統一テストに加えて、公立高校入試の内申点に反映される大阪府チャレンジテストや大阪市英語力調査（GTEC）、それに各学期の中間・期末考査を合わせると大阪市の中学生は年間20回近いテストに追われている。しかもこの先、どのように変化していくかさえもわからない。おかげで先生方はテスト時間を確保するために授業を急いで進めたり、通常授業を削ってテスト対策が行われたりしているという声が聞こえてくる。


　「学校教育って点を取るためだけのものじゃないよね」
　「テストの点数がとれなくて肩身の狭い思いをする子がでてきたら、かわいそう。不登校とかまた増えるんちゃう？」
　「小さいうちから変な価値観、植えつけられそうでこわいわー」
　「先生たちだって負担が増えて大変やん」
　「クラスの一人ひとりに目配りして、子どもの成長を喜んでくれる素敵な先生もいるのに、子どものテストの結果でボーナス出るとか、ある意味不公平じゃない？」
　「学校の予算が子どものテスト結果で査定されるなんて、おかしくない？」


　これは放っておけない。"ともに学び、ともに育つ"どころではなく

なってしまうのではないか。テストの結果だけが重視されるなら、ジェイミーのような障害のある子どもや点数のとれない子どもが排除されてしまうかもしれない。第一、そんなギスギスした学校で、子どもたちが楽しく過ごせるだろうか。何かできることはないだろうか。

　新制度に不安や疑問を抱く保護者の輪がFacebook友だちを中心に広がり、「ゆるーくつながった保護者たち」が結成された。


## 歌って踊って、学テへの疑問提起を！

　「ゆるーくつながった保護者たち」は、その名のとおり、ママ友やパパ友がお茶しながらおしゃべりするという"ゆるさ"が持ち味だ。代表もあえて決めなかった。学齢期の子どもを持つ親はみな忙しい。活動の敷居を低くして、集まりやすくするために、会の名前もとっつきやすくした。

　学校の近所の喫茶店や英会話スクールの談話室、仲間のママたちのマンションの集会場で、ワイワイ意見交換をするうちに気づいたことがある。新制度のことを知らない人がいっぱいいるんだ！

　私自身はジェイミーの就学の一件から教育や子どもたちに関するニュースが自然と耳に入ってくるようになっていたが、日々の生活に追われている一般の保護者さんのなかには、新制度の詳しい内容やそんな発表があったことさえ知らない人もたくさんいることがわかった。

　「まずは知ってもらわなくっちゃね」

「文字びっしりのチラシなんかだと、小難しそうで読む気にならないと思う」

「動画とかどうかな？　SNSで拡散しやすいし」

「大阪なんだからやっぱりおもしろくなくっちゃ」

「それ、いいかも！　おもしろいのつくったら、つい見ちゃうもんね」

　そこで、フォーク歌手・西岡たかしさんの「ボクたち大阪の子どもやでェ」の替え歌をつくって、知り合いのアマチュアミュージシャン、Nissy & Pippiにギターの弾き語りで歌ってもらうことになった。伝えたいことはたくさんあったが、ひとまずパイロット版として短い動画をつくることになり、現場の先生と学校を応援する内容で1番の歌詞をウタゴコロのある保護者の方がまとめた。

　現場の先生たちの大変さを心配し、いま以上に負担が増えることを危惧する人が、私も含めたくさんいたからだ。テスト自体には反対ではないけれど、テストの使い方に疑問があるという方、我が子のことだから人任せにしていたらいけない、という考えで協力してくださった方など、いろーんな方がいた。

　歌にのせて、「先生、がんばりやー」「まけたらアカン！」と各々メッセージボードを掲げる約1分の動画をFacebookにアップした。

　　ボクたち大阪の保護者やでェ

　　町中のことならなんでも知ってるでェ

　　（中略）

　　あのねェボクねェ言うたろか　3年2組のあの先生

しんどいあの子に寄り添って　その子のうちまで行きやって
暗くなるまで残業して　残業代も出ないまま　フラフラで帰り
やった

「みんなが楽しい学校にしよう」「もっと知って一緒に考えよう」と
呼びかけたところ、大きな反響があった。「こんなん着たら、目ぇ引く
かな」とエプロンや割烹着、ヒョウ柄など、思い思いの服装で踊ってい
る"ゆる〜い"動画に釣られて見て、歌詞の内容にびっくりした、と投
稿してくださる人もいた。その後、公園で歌って踊る第2弾「踊ってみ
た」動画を発表。英語バージョンもできた。

あのなァボクなァゆうたろか
大阪市の学校な　テストの結果で学校の
予算が変わってくるんやて
そしたらこれから学校は　テスト一色になんのかな
なんでやろ　おかしいなぁ

続いて、「先生も大変」と訴えるパイロット版の1番（先生の状況
編）に加えて、「子どもら、ほんまにしんどそう」と心配する2番（テ
ストの多さ知ってる編）、「おかしいなぁ」と子どもがつぶやく3番（お
かしいなぁ編）までの歌詞をつけたフルバージョンを完成。最終的に、
大学生やママさんバレーボールチームなど総勢60人が参加する動画を
YouTubeで公開した。まったく見ず知らずの人たちが、LINEやSNS
を通じ、お友だちを介して集まった。ネット社会の弊害も取り沙汰され

る昨今だが、ネットも上手に使うと楽しい取り組みができるものなんだなと思った。

　　ワタシたち大阪の保護者やでェ
　　点だけ取れたら　ええわけとちゃうでェ
　　学校の役割ってなんなんやろなァ
　　うちらの子どもら心配やァー
　　先生と学校心配やァー

　複数の新聞で紹介され、商店街のイベントにライブ出演もして、どんどん知らない人たちとつながっていくのが楽しかった。「みんな知ってる？　どう思う？」と話し合うことの大切さを改めて感じた。YouTubeの動画は再生回数を伸ばし、教育環境について〝ゆる〜く、みんなで考えよう〟というアクションは今も続いている。

## 少人数学級実現をめざす運動

　ジェイミーの入学をめぐる出来事に始まり、教育委員会との定例懇談会や「ゆるーくつながった保護者たち」の活動を通じて見えてきたものがある。「ともに学び、ともに育つ」ことを実践する難しさである。単に、障害のある子と「健常児」が同じ教室で一緒にいるだけでなく、さまざまな個性・特性を持つ子どもたちみんなが、その子らしくいられて、それぞれの違いを認めて受け入れる学校をつくるにはどうしたらよ

いのか。

やはり子どもたち一人ひとりにていねいに目配りをする姿勢（ここでいう、「子どもたち」は、文字どおり「すべての」子どもたちだ）が大切になるだろう。学校という集団のなかでは非常に難しいことだろうけれど、現場にはこまやかな心づかいで子どもの成長を支えてくれるすばらしい先生がたくさんいる。

パイロット版の替え歌をつくるとき、現場の先生を応援する内容にしようと提案した小学校4年生（当時）の女の子の母、あき子さんは話す。

「うちの子は"緊張しぃ"で、先生の心づかいに助けられたことがいっぱいある。発表会のとき、一言だけのセリフなんだけど『ちゃんと言えましたよ』って、うれしそうにわざわざ電話してきてくれたりしてね。40人以上いるクラスを受け持って、人前で話すのが苦手な子にとっての一言の重みまでわかるって、すごいことやと思う。でも、テスト、テストで先生の仕事がどんどん増えていったら、そんなゆとりがなくなっていってしまいそう。今でさえオーバーワーク気味なのに」

そう。大阪市は府の方針を継承し、"ともに学び、ともに育つ"教育の推進を掲げている。なのに、それを実現する環境づくりからどんどん逆行している気がしてならないのだ。現場でがんばっている先生たちのゆとりをなくしてどんどん追いこんでしまっているのではないかと思う。

大阪市では1学級の人数について、小学校1・2年生が35人、3年生以上は40人と決まっている。ただし、特別支援学級に籍を置く子どもた

ちは、通常学級でほとんどの時間を過ごす場合も、クラス分けをする
とき通常学級の1人としてカウントされない。つまり、1・2年生の場
合、1学級の人数が36人以上になると、クラスを2つに分けなければな
らないが、特別支援学級に籍を置く子が1人いて36人になってもその1
人はカウントされないので、クラスは1つのままなのだ。「わくわく育
ちあいの会」や、子ども会、PTAの集まりなどでその話をすると、ほ
とんどの保護者は「知らなかった。初めて聞いた」とびっくりする。

　府内でも高槻市、豊中市、枚方市などの中核市は、小学校の35人学級
を先行して行っている（たとえば、学年人数が37人なら2クラスにして
19人と18人のクラスにする。大阪市では3年生以上は40人でもひとクラ
スになってしまうので違いは大きい）。こういう先行している地域にか
ぎって"ともに学ぶ"教育もさかんで、障害のある子も通常学級でとも
に学んでいる。

　枚方市は大阪府で唯一、支援学級の子どもたちも普通学級でも人数カ
ウントに含め、1～4年生は35人まで、5・6年生は40人までの学級編
成を実現している。

　吹田市では、近隣の高槻市、枚方市、豊中市ができていることがなぜ
できないのか、と「少人数学級を求める吹田市民の会」が結成され、オ
ンライン署名を募り、吹田市議会に働きかけている。支援の必要な子ど
もたちのカウントも願い出ている。

　大阪市は政令指定都市で予算は潤沢にあるはずなのに、ほかの中核市
で実施していることをなぜしないのだろう？


　2020年、新型コロナ感染拡大の第1波のなか、学校は突然の休校にな

り、その後、登校する児童・生徒の人数を減らした分散登校を経て、通常学級に戻った。日常が突然、非日常になった。分散登校が始まったとき、「黒板見やすいし、学校楽しかった」という子どもたちの声や、「すべての子どもたちの様子をしっかりと見ることができた」「今までクラスに入れなかった子が教室に入れた」「不登校の子どもが登校できた」という先生たちや保護者の声が聞こえてきた。感染症対策としてももちろん有効だ。少人数学級の重要性がコロナ禍で明確になった。

そこで、小中学校の先生と保護者が力を合わせ、「少人数学級を求める会＠大阪」を結成し、署名活動を行うことにした。

10月20日、20人以下の少人数学級の実現や小規模校の統廃合の見直しおよび存続などを求める要望書を大阪府・大阪市教育委員会に提出した。学級人数については、早急に30人以下にするよう求め、3,382筆の署名とともに参議院へ請願を提出した。

## かけがえのないクラスの仲間として

ジェイミーが低学年のうちは、加配の先生とちょっとした行き違いもあったが、だんだん学校側の受け入れ態勢が整ってきて、私たちもゆとりを持って見守ることができるようになっていった。また、次男ジョシュアが同じ小学校に入学したことによって、学童期の子どもを持つ大多数の親と同じ経験を積み、親としてひとまわり大きく成長させてもらえたように思う。もちろん、ジェイミーの成長もめざましかった。

学校では先生に言われた。

　「ジェイミーは人の心の動きに敏感で、落ち込んだり困ったりしている子がいると、いつも真っ先に気づくんです」

　5年生の林間学校のときも、最後にわぁわぁ盛り上がるみんなの輪に、ひとり入りそびれてさびしそうにしている子がいた。ジェイミーは誰よりも先にその子に気づいて、そばに行って肩をトントンしていたという。

　「子どもだけじゃないんですよ。僕もこの間、机にかじりつくように書き物をしていたら、泣いていると思われたみたいで、『大丈夫？』って"おいで、おいで"されて、ハグしてもらいました。やさしいんですよねぇ」

　その情景が目に浮かんで、先生とふたりで吹き出してしまった。そう、ジェイミーにはそんなところがある。人が大好きで、誰かが落ち込んでいたり、さびしい思いをしていたりすると、放っておけないのだ。

　ある先生は、クラスメイトふたりが教室でケンカしはじめたときのことを話してくれた。仲裁に入った先生も含めて大騒ぎになったとき、ジェイミーがすーっと寄ってきて、不安そうに「どうしたん？」という仕草をした。ケンカしていた子どもたちも、怒っていた先生も、ハッとした。「ジェイミーに心配させちゃいけない」と一瞬で気持ちが通じ合い、激しい衝突がなんとか収まったという。「本当にいいタイミングで声をかけてくれました。かけがえのないクラスの仲間だとみんな思っているんです」と先生に感謝された。

　ジェイミーはこちらが驚くほど繊細な子で相手の気持ちがわかるから、まわりの子や先生がつらそうにしていたら幸せな気持ちになれない。一方的にお世話をしてもらっているばかりじゃなくて、ジェイミーもちゃんとクラスの仲間としての役割をはたし、お互いに大切に思い思われている。ジェイミーがいることで、まわりの子どもたちも勉強だけでは得られないものを学んで、人として一緒に成長していっている。

　入学前は手厚い支援を望んでいたけれど、学年を重ねるうちに、どこまで人間として対等に見てもらえるかが大事だと思うようになっていった。

## 中学校入学に向けて

　早いもので、署名活動、記者会見の怒涛の日々から6年あまりが過ぎ、2021年4月、ジェイミーは中学生になった。入学前には小学校と同じように、籍は特別支援学級だけれど、毎日を過ごす座席は通常学級においてくれるよう、6年生の2学期から地域の公立中学校との話し合いを進めた。小学校の特別支援担当の先生たちが何度も中学校へ足を運び、中学校の特別支援担当の先生たちにつないでくれていることが心強かった。

　とはいえ、中学校は小学校とはまたガラッと違って、勉強も生活指導も厳しくなると聞いている。「ジェイミー、ジェイミー」と仲よくしてくれた子どもたちにも、自分のことで精いっぱいなときがくるだろう。思春期がきて、今までとはまた違った感情でジェイミーのことを考える

こともあるかもしれない。

　それでも、私は子どもたちが一緒に過ごしてきた時間はなにものにも代えがたいと信じている。二度とこない子ども時代を同じ年代の友だちと過ごすことで受ける恩恵は計り知れないと思う。一緒にいることが当たり前の環境を整え、大人がそういう背中を見せることで、子どもたちのこれからの将来が大きく変わっていくと強く信じている。
　「もしかしたら子どもの視点で、私たち以上にジェイミーのことを理解してくれる友だちが出てくるかもしれません。そうなったらどんなにうれしいことか。そういう子どもたちが大人になり親になったら、生まれてくる子どもたちに障害があったとしても、社会の重荷と考えるのではなく、自分たちと同じ社会を生きる仲間として考えてくれるんじゃないでしょうか。そんな未来がくることを願ってやみません」
　6年前の会見で私が言ったセリフだ。この気持ちは今も変わらない。

　いまはインクルーシブ教育の先進国といわれている国々にも、かつては肌の色や宗教が違うだけで同じバスに乗れず、同じ店で買い物もできず、同じ学校で学ぶことができない時代があった。その偏見や差別はむしろ日本よりも厳しかったのかもしれない。それが変わった背景には「おかしい」と声を上げ、一歩踏み出す人、それに共感した人たちがいたはずだ。ジェイミーがみんなのなかで育つということは、そういう意味もあることを考えてほしかった。
　ジェイミーには、ほかの大勢の子どもたちとともに生きていくだけの強さがきっとある。まわりの子どもたちも、障害を理由とした差別やい

じめに走ることはないと、小学校6年間見守り続けた経験から信頼している。いや、差別やいじめがあれば、それはまわりの大人が正しい方向へ導いてあげればいいだけのことだ、人間は数々の間違いを経て成長していくのだから。だからこそ一緒に育ててほしいのだと、中学の校長先生にも言葉を尽くして訴えた。

「先生方は大変だと思いますが、保護者としてできる限りの協力をします。ほかの先生方にも直接お話ししたほうがよければ、また参りますので、どうかご理解ください」

小学校卒業とともに、学童保育も卒室になる。放課後をどう過ごすかが課題のひとつだが、中学校の入学案内には「原則として全員がクラブに所属する」とあった。だったら、ジェイミーもなんらかの形で部活動に参加できるかもしれない。もちろん、文化部でもかまわない。ジェイミーが入部することで顧問の先生の負担を増やしてはいけないが、もしも「おいで」と言ってくれる先生がいたらお世話になれたらいいな。新たな夢がふくらみはじめた。

2021年4月7日、地元中学校のブレザーの制服に身を包んだジェイミーは、心持ち緊張しているせいか、ちょっぴり"お兄さん"に見えた。私たちは、また新たなスタートを切ったのだ。

入学式には、付き添いの先生なしで出席した。ジェイミーはみんなと一緒に出席番号順に並び、入場し、着席した。別の小学校からこの中学校に進んだ子どもの数のほうが多いこともあり、ジェイミーの前後はまったく初対面の生徒だった。まわりの緊張を敏感に感じ取って暴れ出

すのじゃないかとひやひやしながら見守っていたが、親の心配をよそに、ジェイミーはまわりの様子から自分がどう行動したらよいか考えて行動できたようだ。

　小学校の卒業式前には十分練習を重ね、ひとりで入退場できた。その経験を中学校の入学式に応用したのだと思う。初めての場所で、初めての集団で。式の間もじっと自分のいすに座り、時折キョロキョロしながらも黙って話を聞いていた。同じ小学校から中学にあがったお子さんたちの保護者の皆さんからジェイミーがひとりで行動できていたことに驚き、喜ぶ言葉をかけていただいた。一番驚いたのは私たち夫婦だと思う。もう頼りない小さなひな鳥じゃないんだなとジェイミーの成長を心強く思った。

　「中1ギャップ」という言葉があるように、中学に進むと学習内容や生活リズム、部活動での先輩後輩関係など、小学校時代との急激な変化にとまどう子どもは多いという。友だちが思春期に入っていくなか、ジェイミーの学校生活はさらに大きく変わっていくだろう。でもそれも大切な成長の一過程だ。ジェイミーは、そして私たち家族も、新しいステップを乗り越えていけるだろう。


## すべての人を包み込める社会を

　障害児の親は、目の前にいる子どもの姿だけを見ていられない。その先に続く遠い将来を見て、心配せずにいられないのだ。学齢期を過ぎたあと、自立して生活していくためにはどうしたらいいか。親である自分

が亡くなったあと、ひとりで暮らしていくことはできるのだろうか。

　どんな環境を整えることが、あるいはどんな支援を受けることが、その子の成長に役立つのか。幼い我が子を見つめながら、心配で胸がはりさけそうになり、グルグル考えては不安にさいなまれる。「健常児」の親が子どもの好きなことや適性を伸ばすための習い事をさせている時期に、手に職をつけさせることまで考えてしまう。

　でも、おかしくないだろうか。日本は、自他ともに認める先進国で、民主主義国で、福祉国家だ（ということになっている）。なのに、障害のある人や病んだ人がゆったり暮らすための十分な保障があるだろうか。何よりもまわりが「そこにいるだけでいいよ」という認識と教養を身につけているだろうか。私たちは、福祉国家としての日本を信頼できる状況に置かれているのだろうか。

　少子化を憂慮する声は何年も前からあがっている。子どもを産んだら教育費がかかりすぎるという理由で子どもをあきらめるご家庭がこれほど多いのは、なぜなのか。子どもを産んだら豊かに生きることができないと思わせてしまう社会自体を疑うべきではないか。しかも、子どもを産んで、障害のある子だった場合、その負担は圧倒的に親が引き受けることになる。自分なきあとの子どもの将来を、その子のきょうだいに託そうとする親もいる。いざ障害のある子が生まれたら、「家族の責任」なのだ。健康に生まれてくることはとてもまれなことだけれど、健康に生まれてきた人も、ある日突然支援が必要になる場合だってある。

　はたしてこれが安心して子どもを産める国といえるだろうか。最近は若い世代で非正規雇用の人が増えていることが話題になっている。驚いたのは学校現場で働く先生たちを含めた学校職員の方たちでさえも非正

規雇用率があがっているということだ。子どもを持たないほうがお金もかからないし、リスクも低いと考える若者が増えても不思議はないし、持ちたくても持てないという人だっているのじゃないだろうか。

　日本に帰ってきてからときどき思うことなのだが、さまざまな不自由を背負っている障害のある人や支援の必要な人に、「勤労の義務」だけ"平等"に課せられるというのはおかしな話だ。もちろん本人が「働きたい」なら、職場を見つけられるように環境を確立することは大事なことだ。そして、働く意欲が生きる意欲につながるという面では就労は誰にとってもとても大切なことだと思う。しかし、支援が必要な人が自立や就労に追い立てられることには疑問を感じる。生計を立てるに足る収入を期待するのでなく、「がんばって生きてくれている」ことを評価し、暮らしを保障することができる社会になれないものか。

　ジェイミーだけの話じゃない。障害があってもなくても、どんな子どもも居場所がある学校、どんな人でも安心して快適に暮らせる環境が整ってこそ初めて、みんながうまくいく。そんなすべての人を包み込める豊かな社会が実現すれば、学校を出たあとのジェイミーも幸せに生きていけるだろう。
　ジェイミーが安心して生きられる社会を、ジェイミーみたいな人がいることでまわりの人が豊かな気持ちになれる社会をめざして、私はこれからもできる限りのことをしていくつもりだ。勇気を持って踏み出せば、力を貸してくれる仲間がたくさんいることもわかったから、声をあげることをあきらめない。明るい未来を夢見て、前を向いて。

## ジェイミーの友だちに
## 聞きました！

まわりの友だちは、ジェイミーのことをどう思っているのでしょう？
それを知りたくて、私は身近な4人にインタビューしました。
で、いつものとおり、思わず泣いてしまいました。どの子もみな、
なんの特別な意識もなく、ごくふつ〜うの仲良しだったからです。

○○○○○○○○○○○○○○○○○○○

# 辻井 美沙 ちゃん
（みさ）

美沙ちゃんは文中に出てくるミサちゃんです。
小学校1年からジェイミーと同じ小学校・同じ
中学校に通い、中学校1年生でも同じクラス
になりました。どちらかといえば無口なお嬢
さんですが、ジェイミーのことをよく理解して
くれて頼りになる存在のミサちゃんです。

**Q** 自己紹介をお願いします。

辻井美沙。13歳、中1。

**Q** ジェイミーと最初に会ったときのことを覚えていますか？

会ったのは小1のとき。
（小1のときのこと覚えてる？に対し）わからん。

**Q** 記憶に残っているジェイミーとの思い出や
よく覚えていることはありますか?

んー。わからん。(噛まれたときのこと覚えてる?) 噛まれたときのことは覚えてるけど、何でかは忘れた。べつに深く思ってない。それはこけたとかいうのと同じレベル。思い出は一緒に山に行ったこと。楽しかった。

**Q** ジェイミーとの違いを感じたのっていつごろですか?

最初に見たときに違うなって思った。叫んだりしてたから。あと、外国人だと思った。仲良くするのは違ってても関係ない。

**Q** いろんな子がクラスにいるのってどう思う?

別にどうも思わない。普通。

**Q** ジェイミーのことを今どう思う?

今、小学校のときと違って教室におる時間が少なくなっているのが不満。授業の終わる15分前からいなくなる。なんでそんな早く終わったりするんだろ。何してんだろう。

**Q** ジェイミーと一緒に過ごした授業時間についてどう考えますか?

ひとりだけ違う扱いされてるから、みんなとおんなじにしてほしい。(ジェイミーが大声を上げたり暴れたりすると外に出されていることが

不満）

（ジェイミーは授業）わかってると思う。授業で質問されてるとき、ジェイミーたまに手ェあげたりしてあててもらってるから。理科の授業のとき、光ってるもの何って聞かれたときに、太陽、太陽、とか。窓のほうに指さしてたりして。みんな授業でジェイミーが声出したとき、ジェイミーのほう見てるのは、迷惑だからとかじゃなくて何してんのかなって思って見てるだけと思う。

**Q　ジェイミーみたいな子どもを育てているお父さんお母さんのなかには、学校に迷惑をかけたら申し訳ないなと考えている人たちがたくさんいます。それについてどう思いますか？**

別に迷惑と思ったことない。（教室で大きな声出していたりしても？に対し）慣れてるし。家族のほうがうるさい。そしたらジェイミーのほうがまだ静か（笑）。（噛まれたりしても迷惑じゃなかったの？）うん。

**Q　ジェイミーにひとこと。**

健康でおって。

**Q　（この後、ジェイミーのことを物のように「雑」に扱う先生も過去にいた、ジェイミーのことを授業中に面白くなさそうに睨む先生いる、という話になり）そういう先生の言動を見て、周りの子どもたちは何を学ぶと思う？**

この先生ってこういう人なんや。ということ。

○○○○○○○○○○○○○

# 鈴木 敬大くん

けいた

敬大くんは、幼稚園のときからのお友だち
です。小学校では同じクラスだったり、そうで
なかったり。そして中学に入って1年生では
同じクラスになりました。小さなころから
ジェイミーのことをそばで見ていてどんな
ふうに感じているのか聞いてみました。

**Q** 自己紹介をお願いします。

鈴木敬大です。12歳、中1です。

**Q** ジェイミーと最初に会ったときのことを覚えていますか？

うーん。幼稚園のころから一緒。でも、幼稚園一緒だったっていうのは
母から聞いていて、小さいときはわちゃわちゃしていたから、覚えてま
せん。ジェイミーの存在を意識したのは小1ぐらいのとき。

**Q** 記憶に残っているジェイミーとの思い出や
よく覚えていることはありますか？

最初のころの思い出は、他のお友だちやお友だちのお兄ちゃんとかと

ジェイミーと出かけて遊んだこと。緑地公園とかに行ったことも覚えてる。けっこう出かけた。

ジェイミーのエピソードっていえば、中学校入って、窓ガラス割った（笑）。中学校入ってすぐだったんで、いいこと起こりそうって思った。（なんで？！という私の問いに）中学校生活っていろんなことが起きそう、って感じたから。あと、こないだクラスメイトと僕に手品見せてくれた。ランチマットを畳んで直すだけの。ジェイミーが自分のランチマットをもってきて、手品なんかなぁって思ったらきれいに畳んで直して。友だちのランチマットも畳んで直してあげてた。（母、へーそんなことできるんだ。）最近体育祭のバトンパスが上手くなって。上手にできた。いままでなら次の走者の隣を走って渡したり、バシーン！ってやってたのが、上手にスムーズにやった。

**Q ジェイミーとの違いを感じたのっていつごろですか？**

いや、でもそこまで違いは感じてないです。普通に接してる。他の人と一緒に。

**Q いろんな子がクラスにいるのってどう思う？**

他の人からしたら、たぶん僕もいろんな人に入ると思うんで……同じ生き物やし、何て言うんやろ、あの人何であんなん、みたいに思うことってないです。

**Q** ジェイミーと一緒に過ごした授業時間についてどう考えますか?

国語の授業とかで最初に出欠とるんですけど、ジェイミーもけっこう最近なんですけど返事するようになってきたし、ちゃんと理解できるようになってきてるし、やっぱり、いろんな人と一緒に教育受けているからそういうことができるようになっているんじゃないかなあって。もし、別のところでひとりだったら、たぶんそんなこと起きないのじゃないかなぁって思います。

**Q** ジェイミーみたいな子どもを育てているお父さんお母さんのなかには、学校に迷惑をかけたら申し訳ないなと考えている人たちがたくさんいます。それについてどう思いますか?

人の感じ方っていうのは人それぞれだと思うし、僕は全然迷惑じゃないし、むしろいろんな人がおることが楽しいって思う。もし、迷惑って思う人がいたとしても、全体的にはそんなこと思っていない人のほうが多い。迷惑じゃないって思っている人がほとんどなので、心配しないでって(伝えたい)。他の人とのつながりを持ってほしいと思います。

**Q** ジェイミーにひとこと。

ジェイミーも、学校まだ慣れんくて大変やと思うけど、美沙ちゃんとかジェイミーの親友とかいっぱいいるし、僕も一緒に何かあったら支えて生活していきたい。一緒に生活していってほしい。(ジェイミー母、泣く)

○○○○○○○○○○○○○○○

## 堀内 咲里ちゃん
<ruby>堀内<rt>さり</rt></ruby>

咲里ちゃんは幼稚園のころからジェイミーと一緒に育っている女の子です。本文に出てくるようなジェイミーにかかわってくれる子たちとは対照的に、控えめでおとなしく、どちらかというとジェイミーのことを少し距離をもって見守ってくれるタイプの子なので、もしかしたらジェイミーに困ったことをされていることもあるかな？と思いインタビューをお願いしてみました。

**Q** 自己紹介をお願いします。

堀内咲里です。13歳、中1です。

**Q** ジェイミーと最初に会ったときのことを覚えていますか？

幼稚園で、４歳か５歳のときから一緒だったって親には聞いているけど、なんか、気づいたらジェイミーがふつうにおって、いつから一緒やねんっていう感じ。それは他の友だちもおなじだけど。一緒に遊んだりした記憶があるのは小学校に入ってから。テレビの取材は覚えてる。あ、でも小学校に入ってテレビを見て、幼稚園のときのこと覚えているようなつもりになってるかも。

記憶に残っているジェイミーとの思い出や
よく覚えていることはありますか？

あんまりいい思い出じゃないけど、幼稚園のなわとび大会でなわとび跳んでたときにジェイミーが乱入してきて（誰が一番長く跳び続けることができるか競う大会だったのに）１回か２回跳んですぐ終わっちゃった。自分で失敗したんじゃなくて終わっちゃった記憶があります。今弟が幼稚園に通ってて、弟のなわとび大会のときに思い出しました。（ごめんねとしきりに謝る私に対して）でもべつにどうでもいいやって思いました。私、負けず嫌いじゃないし。あと、小１のときにジェイミーと同じ赤い水筒で、ジェイミーを見てくれてた先生が私のをジェイミーに渡してしまって飲まれてしまったとか、ありました。どっちかっていえば先生ちゃんとしてくださいよと。

いい思い出もいっぱいあるはずやけど、そういうのって思い出します（笑）。


Q いろんな子がクラスにいるのってどう思う？

他の子もそうだしジェイミーだけじゃなくて、よくわからんことや小さなことでぶちギレる子がいる。こないだは、何度もガン無視されたことあるけど、ちゃんと理由があって、そういうのもわかってあげなぁいかんって思う。いっつもすごくやさしい子だったり、いいところだって見える。


Q ジェイミーのことを今どう思う？

うーん。今はジェイミー、私に会うとかっこつけたりすごくていねいに

接してくれたりするのが、かわいいなぁって思う（笑）。男の子にやさ
しくされるのは悪い気しないです。

**Q** ジェイミーとの違いを感じたのっていつごろですか？

1年生のときはそこまで思わんかったけど、なんか、小学校の2、3年
のころ。作品を作るときとかに、いろんな先生が手伝ったりしてるとき
かなぁ。それ見てみんなも手伝おう、とか。でもジェイミーも自分でい
ろいろやってるから、絵描いたりとか、だから、手伝わんくても大丈夫
そうなときもある。

**Q** ジェイミーと一緒に過ごした授業時間についてどう考えますか？

勉強とかそういうのよりも、まずジェイミーはまわりの友だちがいろん
な話をして発表したりするのを聞いてるし、ジェイミーもいつも発表し
てたし、先生の話とか聞いて答えたり書いたりもしてた。ジェイミーが
ひとりだけ、自分だけで勉強するより、やっぱまわりを見てジェイミー
がすごい成長していると思う。やっぱジェイミーと一緒に授業を受ける
のが一番いい。みんなで。

毎年ジェイミーが運動会で走ってるのをおばあちゃんとかが見てて、
ジェイミー毎年毎年走るのが速くなってるって褒めてて、それは、ジェ
イミーがひとりだけで練習しててもそんなに変わらへんかもしれんけ
ど、まわりのみんながリレーとか練習してだんだん速くなるのを見て、
運動会が盛り上がっていくのを見て、ジェイミーも速くなってると思
う。やっぱ学校は勉強するところだけではないっていっつも言われてる

けど、先生たちにも。実際に人と会って人と話して一緒に走ったりいろんなことして。学校に来るっていうのが大事やって。私もそう思います。

学校に行けてない子もおるけど。学校に来ることができないでいる子がいるけど、「あーいてないわ」だけじゃなくて、まだ会ったことがないその子に勝手にあだ名考えて、来たらどんなふうに声かけようかなぁとか考えてる。来たらどんな感じやろ？って想像して待ってる。
違う学校に通ってるみたいだけど。なんで来れないんだろう。

小学校のときは、席替えするとき、くじで席替えしたのに、後ろの席がジェイミーってことが何度もあった。縁があるなぁって。

○○○○○○○○○○○○○

# 川村 奈佑多くん
なゆた

なゆたくんは小学校1年のときに転校して
きてからジェイミーと同じ小学校・同じ中学校
に通っています。ナユ、とか、ナユターと、
ジェイミーの口から名前が出るお友だちです。

**Q** 自己紹介をお願いします。

中1の川村奈佑多です。

**Q** ジェイミーと最初に会ったときのことを覚えていますか？

正確には覚えてないんですけど、小学校1年生の3学期で引っ越してき
たんだけど、だいぶ慣れてきたころかなぁ。なんか（PTAの）読み聞か
せのときにいたような記憶があります。同じクラスでした。

**Q** 記憶に残っているジェイミーとの思い出や
よく覚えていることはありますか？

ジェイミーとのことで記憶に残ってること……最近はしあわせの村に一

緒に行ったのが一番の思い出で、昔は……うーん。初めて会ったとき
は、自分が小さかったし、変な子だなと思った。ヨダレ垂らしてるし、
どんな子だろうって、で2年生くらいになって（特別支援学級に）入っ
てから、いろいろ教えてもらってダウン症っていうのはこういう障害っ
ていうことがわかって。で、納得しました。

### ❓ ジェイミーとの違いを感じたのっていつごろですか？

ちがうなぁとか差別的な感じでは思ったことがないので。仲間じゃな
い、とかは思ったことないです。普通の人、っていう認識。障害ってい
うこと自体を知らなくて、ちょっと経ったときに自分の障害のことをお
母さんから教えてもらって。で、僕ADHDだからADHDっていう障害
しか知らんかったから、あ、他にもいっぱい障害あるんだってことをそ
のとき気づきました。

あと、違いを感じたりっていうより、なんか、（ジェイミーは）赤ちゃ
んみたいだなっていうのは思ったことあります。赤ちゃんてヨダレ垂ら
しているから。小さいころはそれがすごく印象に残っていました。よだ
れを付けられることはいやだけど、垂らしてても大丈夫だけど。自分が
汚かったし。（笑）

### ❓ いろんな子がクラスにいるのってどう思う？

まぁケンカになる可能性も考えられるけど、居心地悪いって感じる人も
出てくるかもしれないけど、コミュニケーションっていうのかな、だん
だん（一緒にいる）年が経つにつれていいほうに行けばクラス全員と仲
良くなれると思います。実際に僕も、あれ？　言葉通じないなぁとか

思ったことあって、どういう子なんだろと思ってたけど今は親友で仲良くしてるし。めっちゃ親友です。言葉とかはもう気にならない。

**Q　ジェイミーの今をどう思う？**

親友ってやっぱ楽しいです。ほんと楽しいから一緒にいたい。

**Q　ジェイミーと一緒に過ごした授業時間についてどう考えますか？**

僕はやっぱり一緒にいてよかった。授業で発表とかがあるけどコミュニケーションってめっちゃ重要なので、わからなくても参加しておいたほうが僕はいいと思う。ていうか発表してるし。やらないで後悔するよりやって後悔するほうがいいっていうのと一緒だと思います。

**Q　ジェイミーみたいな子どもを育てているお父さんお母さんのなかには、学校に迷惑をかけたら申し訳ないなと考えている人たちがたくさんいます。それについてどう思いますか？**

迷惑かけるってどういう意味ですか？　え？　ちょっと待って。え？　自分の子どもが障害者で迷惑だから？ってこと？　頭冷やしてください！　頭冷やして！　頭冷やしてください。まず頭冷やして、もう一回一から考え直してから、そういう結論を言ったほうがいいと思います。さっきも言ったけどコミュニケーションって重要なんで。障害者と会うっていうの。

障害者ってけっこう多いけど、身近にいてもあんまりわかんないものじゃないですか？　ダウン症とかって外から見てもわかる障害だけど、

僕はADHDで外から見てもあんまりわかりづらい障害だし。

あと（まわりの）子どもにも経験が必要なので。その子どもが障害のある人に会ったときにちゃんとコミュニケーションができるってなったらすごく楽じゃないですか？　もし障害者が困ってたりとかしたら話し合えるし、それでまた新たな友情が芽生えるっていうのもあるじゃないですか。だから、また言いますけど、頭冷やしてください。

　「ちょっと質問聞いて、ピキッときました（怒）。考え直してほしいので。その考えを心のなかに秘めておいて一回経験、挑戦してほしいです」（ジェイミー母、泣く）

### 🇶 ジェイミーにひとこと。

大人になっても付き合いたい、ですね。親友として。で、こういう取り組みにも参加したいです。障害者はココ、普通の人はココ、っていうのを完全ゼロパーセントにして、よりよい未来を一緒に過ごしたいですね。

物を分けるのは、分けるってことだけど、僕は人を分けることは差別だと思う。

**対談**

**1**

NHK Eテレ『バリバラ』コメンテーター

**玉木 幸則さん**

✕

佐々木サミュエルズ 純子

多くの国では、
インクルーシブ教育が当たり前

## 肢体不自由児療育施設に預けられた、つらい記憶

**純子** 玉木さん、こんにちは。

　私の長男ジェイミーはダウン症ですが、私自身は障害当事者でないので、ジェイミーがいつもどう感じているか、100％わかっているわけではありません。とくにジェイミーは言葉が十分ではないので、不満を抱えてても、わかんないときがあるかもしれないんです。

　そこで、障害当事者の本音を聞いてみたくて、玉木さんに対談をお願いすることになりました。今日はよろしくお願いいたします。

**玉木** こちらこそ、よろしくお願いいたします。

**純子** 最初に、この本を読まれる方に向けて、自己紹介をしていただけませんか。

**玉木** ボクはね、生まれたとき仮死状態だったため、脳に十分に酸素がいかず、脳の機能の一部がダメージを受けて、脳性まひになりました。だから、手足や言語が不自由で、歩いたりしゃべったりすることがスムーズではありません。

　また、見た目ではわかりづらいのですが、ボクは筋緊張が激しいので、ごはんを食べるときも何かしゃべるときも、余分に力が入ってしまいます。その影響で、筋肉や神経の炎症が出て、すごく痛いんです。夜も寝るときのポジションがうまく取れず、睡眠薬や痛み止めを飲んでいます。それでもゆっくりと眠れません。

**純子** そうなんですね。やっぱりご本人でないとわからないことはありますね。それでも、小学校は普通学校だったとお聞きしましたが……。

**玉木** はい、普通学校に通うことができました。ただ、小学校に上がる前のことをお話しすると、4歳のときに両親にだまされたような形で、肢体不自由児療育施設に入れられました。

　ある日、両親と一緒に水族館に遊びに行ったんですが、夕方になってボチボチ帰るころかなと思ったら、父親が「ほな、行こか」と言って、ボクを知らんところへ連れていくんですよ。そこが肢体不自由児療育施設やったんです。両親は「ここで足を治すんやで。治ったら迎えに来たるから」と言って、そのままボクを置いて帰りました。ボクは「いやや、いやや」と泣き続けました。

**純子** 4歳のことなのに、よく覚えていらっしゃいますね。

**玉木** そら、ものすごいショックでしたから。4歳のボクにしてみれば、一番信頼していた人に裏切られたようなもんですから。あとから施設の職員に聞いたら、3ヵ月ほど泣き続けていたそうです。「なんでボクは、おとうちゃんやおかあちゃんと一緒におられへんの」と思って毎日過ごしたことを、いまでもよく覚えています。

　もちろん、両親はボクの足を治してあげたいという一心だったと思います。当時は、障害を受け入れるのではなく、できるかぎり「障害は治す」という発想の時代でした。

## 母親のがんばりのおかげで、小学校は普通学校に入学

**純子**　それでも、小学校は普通学校に入学できたのですね。

**玉木**　実は、就学前検診で引っかかって、障害があるから養護学校に行くように言われたんですよ。でもこのときは、母親がどうしても納得がいかず、普通学校に入学させてほしいと教育委員会に申し入れました。そこでIQテストだとか、心理テストだとか、いろんな検査をした結果、やっと普通学校への入学のOKをもらいました。最終の判断をくだす校長先生もしぶしぶ入学を許可してくれました。

　無事に入学できたのは、お母さんががんばったのと、そのときボクが住んでいた姫路市の教育委員会がしっかりと受け入れてくれたんやと思います。でも、判断ひとつで、ひょっとすると養護学校に行っていたかもしれません。

**純子**　ところで、玉木さんにご兄弟はいらっしゃるのですか？

**玉木**　いません。一人っ子です。

**純子**　一人っ子なのに、普通学校への入学にこだわってがんばられたお母さんは、すごいですね。

　というのも、私のまわりでは、普通学校に入れようとがんばれるお母さんのほとんどが、上におにいちゃんやおねえちゃんがいるお子さんのお母さんたちなんです。「上の子と一緒の学校に行かせたい」という強い気持ちがあるからだと思います。玉木さんの子どものころの時代に、

一人っ子の息子を普通学校に入れようとされたのですから、すごくバイタリティのあるお母さんですね。

**玉木**　ボクの母親は、思い込んだらまっしぐらの人なんです（笑）。それに5人兄弟の長女で、父親を早くに亡くしたので、太平洋戦争中も弟たちの面倒を見ていたようです。すごく苦労をしているので、多分困難を乗り越える「生きる力」がベースにあったんやと思います。

**純子**　素敵な肝っ玉母さん！

**玉木**　でも、さすがの肝っ玉母さんも、ボクが入学できるならと、おとなしく誓約書を書いたようです。小学校側は校内でのことには責任を持つけど、登下校については保護者が責任を持って送り迎えをすること、といった誓約書です。登下校に何か事故があっても学校は一切責任を負わないという内容だったそうです。

　あとでわかったのですが、子どもの事故などに備えて学校が入っている保険は、登下校中もカバーされています。だから、母親があんな誓約書を書かされる必要はなかったんですよ。おそらく、無理やり入学してくる親に対して、何か条件を付けなあかんと思ったからやないかと推測しています。

**純子**　誓約書までは書かされないけど、今でもよく似た話があります。就学前に、ひとりで階段の上り下りはできるかどうか、トイレは？食事は？などなど、まだできないことをあれこれ聞かれるうちに、この子は迷惑をかける存在なのかなと申し訳ない気持になっていく保護者が多いと聞きます。そして「心配ね」って言われたり。人手が足りないから保護者が学校へ来て付き添ってください、待機しててください、行事参

加を諦めてくださいなどという条件を出されてしまい、普通学校へ行く
のを諦めてしまう方もいるそうです。

そんな話を聞くたびに胸が苦しくなって泣きたい気持になります。

**玉木**　本当ですね。おかしいですよね。

　仮に特別支援学校や支援学級に行ったとしても、いまは毎年、そのま
ま特別支援学校や支援学級で学ぶのか、普通学校や普通クラスに変わる
のか、どちらが適切か見直しを行うことになっています。「適正就学委
員会」が「教育支援委員会」へと名称が変わったのもそのためです。

　せやのに、実際には最初に特別支援学校や支援学級を選んだら、最後
まで変わらないと、保護者は思い込まされているように思えます。学校
側が毎年、子どもの学校での様子を正しく把握して「いまの見立てでは
こういう段階ですけど、お母さんはどう思いますか？　お子さんはどう
したいでしょうね？」と聞いて、本来の仕組みを回していかなあかん
と、ボクは考えています。

## 日常的なちょっとした工夫から始まる「合理的配慮」

**純子**　いま振り返られて、玉木さんご自身は、普通学校に入学できてよ
かったと思われますか？

**玉木**　つらいこともありましたが、でも、いろんな友だちと一緒に学校

生活が送れて、とてもよかったと思います。だから、いまは母親に「おかあちゃん、ありがとう」と言いたいです。

**純子**　お体が不自由であることへのサポートについて、先生方はどのように対応されたのですか？

**玉木**　先生によって対応はいろいろでした。でも、多くの先生方が普段からできる範囲でいろいろと工夫してくれました。

　日本では、2013年に障害者差別解消法ができたころから「合理的配慮」の必要性がいわれるようになりましたでしょ。

**純子**　「合理的配慮」というのは、障害のある人もない人も「困り事」をなくしていくために、合理的な工夫を重ねていくことですね。

**玉木**　そうです、そうです。ボクの小学校時代はもちろんなかった言葉ですが、いい先生方に恵まれたので、いまでいうところの「合理的配慮」が自然になされていました。

　たとえば、小学校2年生のときの担任の先生はね、黒板に板書したあと、それを生徒たちが書き写している間、ボクのところにきて、代わりにノートを書いてくれました。ボクは字がうまく書けないから、先生が補ってくれたんです。みんなが書き写したころには、ボクのノートも書き終わって、授業が再開です。

**純子**　ちょっとした工夫ですよね。ICTやタブレットもない時代にもできたのだから、いまならもっといろいろと工夫できるはずですよね。

**玉木**　当時は、生活支援員や学習支援員の仕組みはなかったけど、工夫次第でこういうサポートができたわけです。合理的配慮は特別なことをするんやなくて、そのときどきにできる範囲でできる工夫をすることです。

純子　合理的配慮という言葉を聞くと、なんか難しそうで、保護者の方もピンとこないようなんです。でも、難しく考える必要は全然なくて、困っている子どもがいれば、みんなで知恵を絞り、できる限りの工夫することだととらえればいいんですね。

玉木　ほかにもそんな工夫はいっぱいありましたよ。

　小学校５年生のとき、林間学校に行く前に担任の先生に呼ばれて、「玉木に先生をひとり付けたるけど、誰がええ？」って聞かれました。それで「４年生のときの担任の先生がいい」って答えたら、その先生、本当に林間学校に来てくれたんですよ。だから、林間学校や修学旅行の写真には、ボクの後ろにいつもその先生が背後霊のように写ってるんです（笑）。

純子　（笑）うわあ、素敵。すばらしい合理的配慮ですね。

玉木　ボクはそのことをすっかり忘れていて、林間学校への出発の朝、集合場所に行ってみると、その先生が旅行鞄を持って立っているので、「あれ？　先生なんでおるん？」と聞いてしまったんです。そしたら「あんたが来てくれ言うたからやないの」と言って、怒られました（笑）。

純子　（笑）いまだに「保護者が付き添ってくれ」と言われるご家庭もあると聞くのに、それはすごく柔軟な発想ですね。下手すると「来ないでほしい」ってなるかも。

玉木　大事なことはね、その先生は、玉木のためだけに来てくれたんやないことです。玉木のためだけなら、保護者が付き添えばいいとなるでしょ。でも、その先生がひとり加わることで、万が一何かあってもほか

の先生方があわてなくて済みます。そのことで、まわりの子どもたちの安心にもつながります。

　つまり、合理的配慮は、障害者への配慮だけをいうのではなくて、どうすれば関係者全員の「困り事」をなくしていけるかを一緒に考えていくという視点が大事なんです。

**純子**　それはとても重要なことですね。ところで、林間学校に来てくれた先生のクラスの授業は、その間、どうされたんでしょうね？

**玉木**　ボクもね、そのことは気になったので、「授業はどうしているんですか？」って聞いてみたんですよ。そんなら、「あんたは、そんなこと気にせんでええ。私がいない間は、教頭先生が代わりにやってくれてはるから」という答えでした。

**純子**　すごい柔軟な対応ですね。しかも、そのクラスは、いつもと違って教頭先生の授業を受けるという、特別な経験ができたわけですよね。

**玉木**　「教頭先生って、意外に授業は下手やなあ」といったことを学んだかもしれません（笑）。


## 不本意ながら、全寮制の養護学校で暮らした高校時代

**純子**　一転して、高校は養護学校だったとお聞きしています。

**玉木**　はい、兵庫県の田舎にある全寮制の養護学校でした。本当は養護

学校には行きたくなかったんですよ。中学校の友だちと一緒に普通高校に進学したかったし、小さいときに肢体不自由児療育施設で暮らしたときのつらさも覚えているから、家から離れて全寮制の養護学校に行くのは絶対にいややったんです。

　でも、担任の先生は「いまの学力で入れる普通高校は遠いから通学がたいへんやけど、養護学校は寮と教室が廊下１本でつながってるから、雨が降っても風が吹いても通うのに苦労せえへん」「普通高校は体育で柔道があるけど、単位取れるか」などと言って、ボクを一生懸命説得するんですよ。それでも渋ってたら、しまいに親を取り込んで、学校でも家に帰っても養護学校に行け行けと言われるようになって。それでとうとう「まあ、ええか」と入学を決めてしまいました。中学生のボクには、それ以上抵抗できませんでした。

**純子**　養護学校での生活は、どうでしたか？

**玉木**　とにかくすごい田舎で、行ってびっくりしました。山と田んぼに囲まれたところにポツンとあって、町中まではかなりの距離がありました。入学する前にはバスが通っていましたが、入学と同時に赤字のために途中で廃線になりました。しかも、肢体不自由児の養護学校なのに、寮は畳敷きなんですよ。

**純子**　めちゃめちゃバリアじゃないですか。

**玉木**　15畳ぐらいの広さの６人部屋だったので、１人のスペースは２畳ほど。そこに男子６人が布団を敷いて寝るんですよ。むさくるしい思春期を送ることになりました。

**純子**　ご自身が望まない学校に入れられたうえに、そんな環境があてが

われて、「子どもの権利」なんて、あったもんではないですね。聞いてて胸が苦しくなります。

**玉木** 当時は、普通学校でも「子どもの権利」はなかったですからね。それに子どもたちに自由を与えすぎると、管理しにくくなるという発想があったんだと思いますよ。自主性や自我を育てるのが教育の本来の目的であるのに、まったくその逆をしていたことになります。

**純子** いまでも制服や身なりが細かく決められていたり、ブラック校則という言葉があるように、髪型や持ち物などのルールの厳しい学校があります。それも管理しやすさという発想からきているんでしょうね。本当は、小さいうちから今日は何を着ていこうかとか、迷って考える力を培っていくことが大事ですのにね。

**玉木** 最近、大学の先生に聞いたんですが、今の学生のなかには、どうやって勉強すればいいかわからなくてとまどっている人がおるんやそうです。高校までは言われた勉強をしていればよかったからですね。

　もっとやっかいなのは、レポートの書き方がわからない大学生も多いと聞きます。だから、笑い話みたいですが、大学1年生の前期にはレポートの書き方などを教えているんやそうです。福祉系の大学では、実習を受け入れてもらうために実習先に電話をかけやなあかんので、ゼミの先生は学生を集めて、電話のかけ方を教えているみたいです。なんか、おかしいでしょ。

## 学校では教科を学習する以上に、社会性を学ぶことが重要

**純子** それにしても、養護学校の寮が畳敷きの6人部屋だなんて、なぜそんな環境が許されたんでしょう?

**玉木** 劣悪な環境のなかでがんばることで、社会に出たときにちゃんとやっていけるという、不合理な根性論がはびこっていたのだと思います。でも、シカやイノシシの出る田舎の学校に、障害のある子ばかりを集めて、社会で生きていくための能力が養われると思いますか(笑)。社会性というものは、いろんなタイプの子どもたちが一緒に学び、たとえば、電車で通学して、たまには寄り道して遊んだり、買い物したりして養われるもんでしょ。

　国語や数学などの教科を勉強するのも大事やけど、それだけなら学習塾と変わりません。学校は本来、いろんな生徒たちとコミュニケーションを取ったり、まわりに気づかいしたり、友だち同士助け合ったり、そういった社会性を培うところでもあるはずです。人里離れた場所で、それが十分にできると思えません。

**純子** それ、私もまったく同感です。

　うちのジェイミーは中学生になったいまも「あいうえお」は書けません。もちろん、書けたほうがいいに決まってますが、ほかの子どもたちと切り離されてまで、書くための特訓をしてほしいとは思いません。仮にそれで「あいうえお」が書けるようになっても、ジェイミーの将来

を安心することはできません。それよりもみんなと一緒にいるなかで、ジェイミーなりに学ぶことのほうが大事だし、切り離されることで失うものが大きいと考えるからです。

**玉木** そのとおりだと思いますよ、純子さん。ボクも手が不自由なので、「あいうえお」がうまく書けませんが、書類を書く必要があるときは、近くにいる人に「書いてくれませんか」とお願いすればいいんですよ。誰にお願いすればいいのかなとか、いまお願いしてもいいのかなと、状況を見極める力のほうがよっぽど大事です。

**純子** そういえば、ジェイミーが低学年のときは、担任の先生方は一生懸命「あいうえお」を覚えさせようとしてくれました。とてもありがたかったのですが、いくらがんばっても、マス目を無視して鉛筆で黒く"ごにょごにょ"って書いたり、シャーッと線を引っ張ったり、いっこうに「あいうえお」にならないのです。ところが、だんだんとマス目に入るようになって、高学年になってからはその点をほめてくれるように変わっていきました。また、授業中にじっと座っていられる時間が長くなったのを評価してくれるようにもなりました。

**玉木** それこそ、その子その子にあわせた合理的配慮だと思います。でも、ボクの高校生活は合理的配慮からはほど遠いものでした。

　小さいときに親から離されてつらい思いをしたり、高校のときにいやだった全寮制の養護学校に行かされたことなど、いまの子どもたちには絶対にボクと同じ経験をしてほしくないと思っています。だって、4歳のころは、親と一緒にいたい一番の時期です。そんな幼いときに、親から離されるなんて、おかしいでしょ。

ボクがいま自立支援の仕事に打ち込んでいるのは、その想いが出発点です。障害があるから、いくらがんばっても、うまくいかないことはいっぱいあるんですけどね。でも、そのときは、自分だけががんばることではなく、人の手伝いがあったり、まわりの仕組みが変わったりしていけばいいのですからね。

　ともに学び、ともに育つということをあきらめずに声を上げ続けなあかんと思っています。

**純子**　（泣）玉木さんの想いを聞いていると胸が詰まりました。ごめんなさい、私、すごく泣き虫なんです。初対面の対談なのに泣いちゃいました。

**玉木**　いいですよ。そんなこと気にせんといてください。ボクも泣き虫なんです。この間も、『鬼滅の刃』を観て号泣しましたから（笑）。

**純子**　（笑）わかります、私も一緒です。玉木さんも泣き虫で安心しました。


## 地域の普通学校に行かせたいと思うのは、親のエゴなの？

**純子**　ここまで自己紹介と言いながら、ずいぶんいろんなことをお話しいただきました。そのうえで、さらにお聞きしたいことがいくつかあるので、順番に質問していっていいですか？

**玉木**　もちろんです、どうぞ。

**純子**　ジェイミーは親の私たちの判断で普通学校に通ったのですが、よく言われるのは、その子にあった環境で教育を受けさせたほうが幸せではないかという考えです。ジェイミーの場合も、特別支援学校のほうがあっていたのではと考えると、心が揺れるんですね。ジェイミーの本当の気持ちがどうなのか、完全にはわからないでしょう。

　さらに、普通学校で学ばせたいというのは親のエゴだとか、障害があるのに障害がないかのように扱ってほしいというのは親の勝手な願望だとか言われると、すごく傷つくし、すごく迷います。玉木さんは障害当事者として、このことをどう思われますか？

**玉木**　親の判断で普通学校に入れるのがエゴやというんやったら、特別支援学校に入れるのも、本人が決めたわけやないので、やっぱり親のエゴになるんやないですか。そもそも子育てというのは、親のエゴなんですよ。そう思いませんか？

**純子**　確かにそうですよねえ（笑）。何で気づかなかったんでしょう。

**玉木**　特別支援学校に入れることには何も言わんと、普通学校に入れることだけをエゴだというのは、不公平ですよね（笑）。親は必ずしもいつも正しい選択ができるとは限らないと思います。うちの親だって、正しかったり、間違ったりして、いまのボクがあるんですから。

**純子**　それでもなるべく正しい選択ができるように、本来なら、もっと保護者たちがじっくりと考えられるようなサポートがあってもいいのですが……。

## 国際的にはインクルーシブな環境が、教育の大前提

**玉木** いま、普通学校に入れるのも、特別支援学校に入れるのも、どっちも親のエゴだとは言いましたが、世界の潮流はインクルーシブな環境を前提としているので、その原則からすると、本当なら誰でも普通学校に行けて当たり前なんですよ。

ちょっと難しい話になるかもしれませんけど、1994年6月に採択されたサラマンカ宣言では、障害のある子どもはもちろん、すべての子どもの特別な教育的ニーズを包含するインクルーシブ教育を原則とすることが確認されました。その後の障害者権利条約でもSDGsでもインクルーシブな環境を前提としたうえで、一人ひとりどのように勉強するのが適しているかを考えることが必要だとはっきりと書かれています。

これが国際社会の標準なんやから、そうせなおかしいんです。日本はそれを無視し続けていて、「お子さんの発達のことを考えると特別支援学校のほうがいいと思いますよ」と、あたかも正しいことを言っているような感じになっているから、保護者が不安になったり、悩んだりしているのやと思うんですよ。

**純子** そうなんです。さっき迷ったあげく、特別支援学校や支援学級を選ぶ保護者が多いと言いましたが、お話を聞くと、ほとんどの方が本当は地域の普通学校を望んでいます。

**玉木** 現場の先生方も、障害のある子どもにどう対応したらええかわか

らず不安なんですよ。だから、建前では保護者が決めてくださいと言いながら、特別支援学校や支援学級に誘導しているのが、いまの就学指導やないんですか。

やっぱり子どもの未来を考えて、いろんな可能性を広げるには、地域の普通学校に通うことが望ましいという共通認識を作っていかなければあかんと思います。

**純子** ただね、玉木さん、「インクルーシブ教育」について書かれた本によっては、障害のある子どもに対しては、足りない能力を伸ばすためにほかの子どもたちから離して、特別な指導をすることが望ましいという考え方が書かれたものもあります。足りない能力を付けるためには、分けて教えたほうがいいという考えです。そして、必要な能力を習得すれば、ほかの子のいる場所に戻してあげればいいと言います。

私はここまでお話ししてきたとおり、ジェイミーをほかの子と一緒に学ばせてよかったと思っているのですが、分けて教えたほうがいいという考え方について、玉木さんはどう思われますか？

**玉木** ボクもそうした考えがあるのは知っています。それに対して、ボクなら「どのくらいの期間が経ってから、みんなと同じ場所に戻しているんですか？」と聞きます。おそらく「必要な能力」は簡単に習得できなくて、いつまでたっても分けたままになっていると思いますよ。

その考え方に対してはもう1つ、「障害のある子を分けるのであれば、障害のない子も数学や英語の苦手な子も分けて教えるんですか？ インクルーシブを前提とするなら、障害のある子もない子も同じ仕組みを適用するんですよね？」と問いかけたいですね。障害のある子だけを対象

にするなら、もうそれはインクルーシブな教育ではありません。これが
国際社会の標準的な考え方です。

## 最近は、特別支援学校を希望する 保護者が増加の傾向

**純子** ありがとうございます。玉木さんのお話には、とても勇気をいた
だけます。

　次の質問もよくある話ですが、障害のある子どもが普通学校に行く
と、いじめられるのではないかと心配して、仕方なく特別支援学校を選
ばれる保護者がいます。私自身はいじめられることも、ある意味、それ
も経験だぐらいに思っているのですが、この本を読んでくださる保護者
のなかには、心配な方も多いと思います。玉木さんは障害当事者とし
て、このことはどう思われますか？

**玉木** いじめはね、普通学校でも特別支援学校でも、どこへ行ってもあ
るんですよ。ボクが通った養護学校でもありました。また、残念なこと
やけど、特別支援学校の先生が生徒に暴言を吐いたり、虐待したりとい
う事件もたまに起こりますよね。特別支援学校を選んだからといって、
いじめを避けることにはなりません。

　でも、特別支援学校を希望する保護者が増えているのは間違いのな
いことです。最近15年ほどで、兵庫県内に新設された特別支援学校は、

ボクの知っている限りでも10校以上あります。

**純子** えっ〜、そんなにも！

**玉木** びっくりするでしょ。少子化が進んでいるのに。教育委員会は、特別支援教育の理解が進み、特別支援教育のニーズが高まっていると言っているのです。

**純子** 特別支援学校を10校も新設するお金があれば、普通学校の先生を増やしてくれればいいのに。

**玉木** そうですよね。肢体不自由や知的障害、視聴覚障害など昔ながらの障害は減ってるんです。増えてるのは発達障害です。なかでも、それほど重度ではないボーダーラインの子どもが増えています。そんな子どもたちの保護者が、勉強がついていけないと困るとか、いじめられたら困るからと心配して、特別支援学校を要望するんですね。

　こうした要望は、文部科学省も教育委員会も積極的に聞き入れてくれます。その一方で、インクルーシブ教育を要望している保護者の意見は聞かへんのにね。

**純子** はい、ちっとも聞いてくれません。

## 国際的にも評価されている NHK Eテレの『バリバラ』

**純子** 玉木さんには、最後にインクルーシブ教育を実現するために、ど

うすればいいかをお聞きしたいのですが、その前にちょっとここで横道にそれる質問してもいいですか？　前から気になっていたことがありますので。

**玉木**　何でしょう？

**純子**　玉木さんは、NHK Eテレの『バリバラ』にレギュラー出演されていますが、あの番組で着てらっしゃる茶色のベストとベージュの個性的なお洋服とかは自前ですか？　スタイリストさんが準備されるのですか？

**玉木**　あれはね、スタイリストさんが用意してくれたボク専用の衣装なんですよ。

**純子**　なんともいえないユニセックスな感じが、いけてるなと思いながら番組を拝見しています。

**玉木**　前の衣装は、古代ギリシャの賢人風のものだったんですが、いまはスカーフを巻いたりして、純子さんがおっしゃるようにユニセックス的な意味合いもあるんやないかな。

**純子**　『バリバラ』の前は『きらっといきる』という番組だったでしょう。あの番組も観てましたけど、正直言うと、せっかくいい番組なのにタイトルに「きらっと」なんてつけなきゃいいのにって思ってました。なんか、すごく切ないというか。ジェイミーだって、別に「きらっと」してるわけではないし。わざわざ「きらっと」なんて言わなくていい世の中になればいいと思ってました。

　ところが、あるときから『バリバラ』に変わって、NHKらしくなく、変に優等生ぶらない、とっても素敵な番組だと毎週、楽しみにしています。

**玉木** ありがとうございます。

**純子** 私が以前、暮らしていたイギリスでも『バリバラ』はきっと受けると思います。あの超ブラックで、本質をナイフのように突きつけてくるところは、イギリス人好みかと。世界に出しても恥ずかしくないアナーキーな番組ですよね（笑）。

**玉木** 海外を見渡しても、このようなテーマを毎週レギュラーで放送しているのは、おそらく『バリバラ』だけだと思います。おかげさまで国際的にも評価されています。公共放送の世界大会でプレゼンしたこともあります。

## インクルーシブ教育実現の第一歩は、高校の義務教育化

**純子** さて、最後にお聞きしたいことはすごく大きな課題になりますが、日本でこれからインクルーシブ教育を実現していくには、どうすればいいでしょうか？

**玉木** インクルーシブ教育を実現するためにカギを握るのは、ひとつは高等学校の義務教育化だと、ボクは考えています。純子さんはよくご存じだと思いますが、海外では多くの国が高校までは義務教育でしょ。

**純子** そうです。それどころか、障害のある人に対して、生涯教育を保障している国もあります。

**玉木** ボクね、以前に内閣府の障害者政策委員会で、高等学校って高等教育ですかって聞いたことがあるんです。そしたら「名前は高等学校ですが、実際は中等教育の後期課程です。中等教育の前期課程が中学校です」との答えが返ってきました。

国連の権利条約などでは、初等教育と中等教育は無償で受ける権利があると明記されています。だから、中等教育の後期課程である高校の義務教育化はボクが勝手に言ってる夢物語やなくて、日本が子どもの権利を無視して実施してないだけなんですよ。

**純子** 日本の教育行政は貧しいですねえ。

**玉木** そうなんです、国際的にすごくカッコ悪いことです。高校も含めた中等教育までを義務教育として無償にして、みんなが一緒に学べるようにすればいいんですよ。発達障害という言葉のなかった昔は、だれもがラベリングされず、普通学校で十分にやっていけてました。このことは障害のある子どもの問題だけではありません。「高校は義務教育でないから」という理由でほったらかしの不登校の子どもたちも、義務教育化することで救えるケースも増えるはずです。

さっきお話ししたように、学校は教科学習をするだけでなく、社会性を身につけるところなので、そのためにも義務教育化は絶対に必要だと思います。

**純子** 高校の義務教育化は、意外にこれまであまり聞いたことがなかったけど、言われてみれば、とてもいい方法ですね。

## インクルーシブ教育を実現するのに 必要な先生の増員

**純子**　では、私たち保護者や先生たち一人ひとりは、インクルーシブ教育を実現するために何をすればいいでしょうか？

**玉木**　いまの学校の先生はね、教員養成の段階で、インクルーシブ教育のことを教えてもらってないでしょ。いきなりインクルーシブ教育をやれて言われても、そのための知識を備えていないんです。

　もちろん、特別支援教育の教員免許を持っている先生はいるけれど、あれは肢体不自由だとか、知的障害だとか、情緒障害だとか、病弱だとか、障害別ごとの免許なんですね。それらの免許をオールマイティに持ってる先生なんて、ほとんどいません。しかも、インクルーシブ教育は、障害のある子どもとない子どもが、交じり合って学校で学ぶという仕組みであって、特別支援教育の進化形ではありません。

　だから、どうすればインクルーシブ教育を実現できるかと、先生たちだけで考えていても難しいんで、いろんな人の意見を聞けばいいんですよ。

**純子**　私たち保護者も交えてですね。

**玉木**　おっしゃるとおりです。学校の先生や保護者たちが、子ども一人ひとりのそのときどきの状況に応じて、何が必要なのかを一緒に考えるところから合理的配慮が生まれます。

　とても大事なことなので何度も言いますが、国際社会はインクルーシ

ブな環境が当たり前であって、そのうえで個別にどう対応するかを考えることが前提となっています。最初から学校を分けることは前提として成り立っていません。

　もちろん、いまの日本ではインクルーシブな環境が簡単にできるわけではありません。保護者も学校の先生もそれにへこたれず、あきらめないことです。

**純子**　「最初から学校を分けることは前提として成り立っていない」という言葉は、とても力強い言葉だと思います。

　それにしても、今日は玉木さんの小学校での体験をお聞きして、先生方の工夫は昔もいまも変わらないなあと感じています。でも、昔と違っていまは、先生方はすごく忙しくされています。道徳や英語などの教科も増えたし、授業以外のやらなければならないこともいっぱいあるし、工夫しようにも、その時間がなかなか取れないようです。

**玉木**　だから、学校の先生をもっと増やさなあきません。あまりにも忙しいので、魅力的な仕事でなくなってきて、先生になりたいと思う学生が減っているという悪循環にも陥っています。

**純子**　あと、イギリスの学校の先生は、日本と比べると、保護者との関係がもっとフレンドリーなんですね。友だち同士のように親しいというか。私の個人的な感覚ですが、日本に帰ってきて、先生との間に壁を感じることが少なくありません。すごくていねいに接してくれるのはいいのですが、もっと思ってることや考えていることをはっきりと言ってくださってもいいのにと感じることもあります。

　一時期よく言われたモンスターペアレントのような保護者がいるか

ら、言いたいことも言えないのかなとも思います。そういう点でも、先生を取り巻く環境は厳しくなっているのではないでしょうか。

## 多様ななかで育つ子どもたちに 将来の日本を託したい。

**純子** 玉木さん、ありがとうございました。お聞きしたかったことについて、たっぷりお話しいただいたので、気持ちがスッキリしました。

**玉木** こちらこそ、ありがとうございました。とても楽しい時間でした。

**純子** 障害のある子どもの保護者のなかには、いまこうしているときも普通学校か、特別支援学校や支援学級かで悩んでいる方もいらっしゃるでしょう。たいへん難しい問題だし、簡単に答えは出ないと思います。でも、今日の玉木さんのお話にあったように、「最初から学校を分けることは前提として成り立っていない」というインクルーシブな考え方が、これからの世の中の潮流であることを、最後にもう一度、お伝えしたいと思います。

**玉木** そうですね、いまの日本が遅れに遅れているんですよ。

**純子** そういう私もジェイミーが小学校に入学するときは、地域の普通学校に行かせたいというのが本当の気持ちだったのに、実際にはどっちにするか毎日のように迷ったし、すごく悩みました。

でもいまは地域の普通学校で学んで、とてもよかったと思います。まわりの同い年の子どもと比べると、ジェイミーにはできないことはいっぱいあります。でも、1年ごとに確実に成長していると実感しています。そして、なによりもたくさんのいろんな友だちができました。「あいうえお」を書けなくたって、ジェイミーなりの生き方をしてくれればいいんだと、いまは確信しています。

**玉木**　まあ、勉強ができなくても生きていけますからね。ボクは子どもが2人おるけど、「勉強せえ」とは言わんかったんですよ。夏休みの宿題をさぼっていたのを見つけたときは、「間に合わんかってもええから、とりあえず出すだけは出せ」とは言いました。そしたら、上の息子は軟式テニス部やったんですけど、中学校の3年間、毎年9月の初めにはテニスコートの横に机を置いて、夏休みの宿題をやらされてました（笑）。

　それでもおかげさまで大学にいって、社会福祉士の資格を取り、いまは生活保護の施設で働いてます。「勉強せえ、勉強せえ」とプレッシャーをかけるんやなくて、いろんなやり方があってええと思うんですよ。

**純子**　そうですね、いろんなやり方やいろんな生き方があっていいですよね。

　今日は障害当事者のお立場からのお話を中心に進めてきましたが、みんなで一緒に育てば、まわりの子どもたちだって健やかに成長していくと思います。私が小さいころを過ごした長野県の田舎では、障害のある子どもと一緒になることはありませんでした。でも、イギリスの暮らしでは、日常的に障害のある人たちが大勢いたので、遅ればせながらイン

クルーシブな社会が当たり前だという感覚が自然と養われました。

**玉木** それだけ日本が特殊だという証拠です。

**純子** そういえば思い出したのですが、以前、授業参観に行ったとき、ジェイミーにやさしく接してくれているお子さんを見て、私、思わず涙ぐんだことがありました。あとで、そのお子さんのママから「やさしくしてくれてありがとう」って伝えてもらったんですけど、その子、きょとんとしてたそうです。

　ジェイミーの友だちは、ジェイミーに対して特別にやさしくしているのではなくて、それが普通の日常生活なんですね。ほかの子にしているのと同じなんです。重度障害のあるお子さんを育てている先輩のママからも同じような話を聞いたことがあります。参観日に保護者たちが感動して涙ぐんでても、子どもたちは「おばちゃんたち何やねん？」っていう感じであっさりしてて、つくづく自分たちの人権意識の低さを思い知らされて落ち込むわーって言ってました。

**玉木** それって、だれもジェイミーくんのような障害のある子のことをとくに意識していないわけでしょ。そうした子どもたちが大人になれば、日本の社会も変わっていくと思います。

**プロフィール**

## 玉木 幸則さん

　1968年、兵庫県姫路市生まれ。仮死状態で生まれたために、脳性まひとなる。4歳で肢体不自由児療育施設に入所。小中学校は地域の普通学校で学ぶが、高校は養護学校へ。1991年、日本福祉大学社会福祉学部卒業。知的障害者通所授産施設に1年勤めたのち、1992年、自立生活センター・メインストリーム協会事務局長次長に就任し、以後、障害者の自立支援運動に注力する。

　2012年にメインストリーム協会を退職した後2020年まで、社会福祉法人西宮市社会福祉協議会に勤務。現在は、一般社団法人兵庫県相談支援ネットワーク代表理事ほか、特定非営利活動法人日本相談支援専門員協会顧問、内閣府障害者政策委員会委員、社会福祉法人西宮市社会福祉協議会権利擁護普及推進および相談支援アドバイザーなどを務める。

　その間、2009年から現在までNHK Eテレの『きらっといきる』や『バリバラ〜みんなのためのバリアフリー・バラエティー』にレギュラー出演。主な著書に『トコトン生きるための15問』『生まれてきてよかった−てんでバリバラ半生記−』（ともに解放出版社）など。

対談  東京大学大学院教育学研究科教授
**小国 喜弘**さん

**2**

佐々木サミュエルズ 純子

> 競争をあおる“人材教育”から
> 人権保障教育へ

## 「何かおかしい」と感じた "取りだし" 教育

**純子** この本の第1部「障害のある子は地域の学校へ行けないの？」を読んでくださったそうで、ありがとうございます。

**小国** 第1部の純子さんの手記を読ませていただいて、ジェイミーさんの命をなんとしても守りたいという、純子さんの思いがあふれていて感動しました。インクルーシブ教育は、教育を "人材育成" の視点でとらえるのではなく、一人ひとりのかけがえのない命をどう育むかという視点が出発点なんです。純子さんの手記は期せずして、そのことを提起されていると思います。

　また、世の中で当たり前だとされていることが、必ずしも正しくないんじゃないかと疑問を持ち、ご自身の感覚を信じて、行動を起こされたのは非常にすばらしいことだと感じました。

　1980年代までの障害児教育をテーマにした書籍は保護者が体験をつづるものが多かったのですが、最近は研究者による本が増えています。その点でも純子さんが保護者の立場で体験をつづったこの本を、いま出版する意義は大きいと思います。

**純子** いまでこそ、いろんな方のお話を伺ったり本を読んだりして勉強し、自分なりの意見を言えるようになりましたが、当時はいまおっしゃっていただいたとおり、「何かおかしい」という感覚だけで動いていたように思います。

**小国** 教育というか、平たく言えば子育ては、素直な感覚がとても大事

なんだと思います。

**純子** 「何かおかしい」と感じたことのひとつに、"取りだし"教育があります。算数や国語の時間に別の教室に連れだされて、訓練のようなことをしてから元の教室に戻るものです。それをすすめられたときには、先生方が気を悪くされないかと迷ったのですが、「学校に療育しに来ているんじゃないんです」と少し強い言い方をしてしまいました。「算数の時間には体操をするんじゃなくて、算数の空気を吸わせてやってください」と。

**小国** 「通級指導」という教育法ですね。障害のある子は、日頃は通常学級にいるのですが、一部の時間だけ"取りだし"て、別室でソシアルトレーニングなどを行う方法です。ソシアルトレーニングとは、対人関係や集団行動を上手こなすためのスキルを向上させる訓練だとされています。

その"取りだし"が算数や国語などの主要な授業で行われてることが多いのです。算数が週に4時間あったとして、そのうちの1時間連れだされたりすると、わからない子は余計にわからなくなります。学力面でついていけないのであれば、本当なら補習授業を充実させるべきですよね。

一部の時間だけ教室から連れだしたりするのは、勉強ができないことをわざわざクラスのみんなに確認させているようなものです。それでいて別室で教えているのは、「みんなと一緒にいるとき、嫌われないようにするにはどうふるまったらいいか」といったソシアルトレーニングのマニュアルだったりするのです。

**純子** 「みんなと一緒にいるときは、こうしましょう」というのなら、なぜみんなのいるところで教えてくれないのでしょう？　もしソーシャルトレーニングをするのであれば、放課後や土日に時間を設けて、ほかの子どもたちも参加して、みんなで一緒にやったほうがいいと思います。

## 特別支援学級に行かせようとする学校の事情

**小国**　教師からすると、算数や国語の時間にわからない子がいると授業が進めにくい。だから授業中にその子がいなければ、ほっとする教師は少なからずいると思います。

　通級指導は専門性が高いといわれているのですが、実際には多くの場合、産休明けや何らかの事情で担任を外れた先生が担当しています。なのに保護者に向けては、「通級指導という新しい教育方法があって、専門的なトレーニングを受けている方が行いますのでご安心ください」と説明されていたりします。通級指導を担当している先生に聞くと、研修すらほとんど受けていない学校もあったりもします。

**純子**　ちゃんとした研修を受けて行えば、通級指導は有効なんでしょうか。

**小国**　それがそうでもないんですよね。研修内容自体にバイアスがかかっているので、研修を受ければ受けるほど、障害のある子を特別視する傾向が強くなる場合もあります。

　しかも、学級崩壊などを起こして担任を外れた先生が担当するケースでは、自分には指導力がないと見られていると思い込んでいるから、指導力を見せつけようとして通級指導で過度にがんばってしまう場合があります。そんな弊害も見られます。

**純子**　インクルーシブ教育を、特別支援教育の延長線上にととらえている先生たちは「個人の能力を最大限に伸ばすためだから、“取りだし”もインクルーシブ教育の一部だ」と胸を張っておっしゃるんですが、それはおかしいと思うんですよね。

　インクルーシブとは、「包括する」という意味でしょう。だから、みんな一緒に学ぶはずなのに、みんなと違うところへ連れて行くなんて、まったく逆のエクスクルーシブな状態なんじゃないでしょうか。

**小国**　おっしゃるとおりです。

**純子**　実は、私、ずっと特別支援学級の教室を使うことを拒んできたのですね。規則からはずれたことをしているのではないかと気兼ねしていたのですが。

**小国**　いやいや、全然そんなことはないですよ。その子の状況にあった環境を用意するのが本来のあり方なので、当然の権利を行使されているだけです。

　同じように、通常学級か特別支援学級のどちらに籍を置くかについても保護者の意思が尊重されます。通常学級に籍を置く子どもが通級指導を受けるかどうかも選択できることになっています。

**純子**　でも、多くの保護者は通級指導を拒むどころか、特別支援学級に行かされることさえ拒みにくいのが現実です。

**小国**　それは教師の割り当て方法に問題があるからです。特別支援学級の場合、障害種別ごとに対象児童が8人いると、学級を設置できるので教師が1人つきます。手厚く支援するためには、教師を増やさなければいけないのですが、特別支援学級の在籍生徒が増えないと教師の数を増やせません。だから、教師の数を増やすために、特別支援学級に行かせようとする力学が働くのです。

**純子**　そんな方法をやめて、単純に先生の数を増やせば、学校の職場環境も改善されるのに……。

**小国**　皆さんもご存じのとおり、教師の数は減っているのに業務量が増えているので、教師の仕事はブラック労働化しています。仕事を回すためには教師の数を増やさなければなりません。そのために、地方の小規模校の場合であれば、特別支援学級の在籍児童を増やすことが、校長の重要な課題となっている学校もあります。こうなると、いまの特別支援教育は、学校運営にとっての必要悪になっているともいえます。

## インクルーシブ教育は、障害児教育にとどまらない。

**純子**　そもそも「インクルーシブ」ってなじみのないカタカナだし、「インクルーシブ教育」については、いろんな解釈があるようなので、わかりにくい言葉ですよね。そこで、専門に研究されている小国さんに

改めてお聞きしたいのですが、「インクルーシブ教育」とは一般的にはどのように定義づけられているのでしょうか。

**小国** 国によってかなり異なるので、国連で提唱されているインクルーシブ教育について説明しましょう。

ちょっと教科書のような話になって申し訳ないのですが、国連のいうインクルーシブ教育は、1994年のサラマンカ宣言から取りあげられるようになり、その後、2007年の障害者権利条約でも触れられています。

直接には障害者の権利擁護を目的としていますが、世界各国で人種、宗教、性別、障害の有無などをめぐり、孤立や分断、排除の問題が非常に深刻化してきたことが、その背景にあります。この深刻な問題を克服するために、多様な人たちすべてを分け隔てなく受け入れて包み込むインクルーシブな社会がめざされ、そのときに重要な役割を果たす学校教育のあるべき姿として「インクルーシブ教育」が提起されているわけです。

多様な市民が共生するインクルーシブな社会を実現するために、学校が地域の拠点となることが重要なのです。

**純子** 日本では、「インクルーシブ教育＝障害児教育」ととらえられがちですが、本来は障害の有無に限らず、もっと幅広い意味合いを持つものですよね。

**小国** はい。性差や民族差、経済的な格差、能力差といった多様な差異をすべて受け入れて包括する教育をいいます。天才児も多様性のひとつとしてとらえ、インクルーシブ教育に取り込まれています。

いまの日本の社会では、残念ながら「障害」は不利な属性だとされて

います。ですので、ことさら障害にだけ焦点を当てると、不利な属性に
注目を集めることになり、差別と結びつきやすくなります。欧米でも障
害者・障害児差別はありますが、さまざまな差異とともに一緒に取りあ
げて、多様性のひとつにすぎないと位置づけることで、日本ほどのひど
い差別は減っているように思います。

**純子**　障害のある子どもだけを対象にしている限り、日本のインクルー
シブ教育は広がらないわけですね。

**小国**　なぜインクルーシブ教育が特別支援教育と混同されるようになっ
たのか、その経緯を文部科学省の元事務次官の前川喜平さんにお尋ね
したことがあります。すると、「それは、日本にインクルーシブ教育を
導入する際、特別支援教育課が担当したからだ」との、ひとことでし
た。日本は2014年に障害者権利条約を批准したのをきっかけに、イン
クルーシブ教育に取り組むことになったので、障害に関する部署である
特別支援教育課が一括して担当したほうがいいとなったそうです。

**純子**　日本のインクルーシブ教育が特別支援教育という狭い範囲に閉じ
込められていることは、国際的に問題になっていないのですか？

**小国**　障害者権利条約に関して、ドイツなどには「日本の特別支援学校
にあたるものは事実上違法である」といった趣旨の勧告がすでにおりて
います。ですから、日本に対しても直接、特別支援学校や特別支援学級
の違法性を指摘される可能性がある、と考えている人が文部科学省関係
者のなかにもいますが、勧告は強制力を持たないため、そのままになっ
ているようです。

**純子**　それって、深い考えもなく導入したうえ、そのまま放置されてい

るように見えるのですが。

**小国**　まったくそのとおりなんですよ。

　子どもの権利条約が批准されたときにも、同じようなことが起こりました。子どもの権利条約に基づけば、本来は校則や制服も含めてすべて根底から見直さなければなりません。それなのに、旧文部省は「子どもの権利条約は人権が認められていない途上国を主な対象としたものであり、高度に発展した民主主義国家である日本では、すでに対応できているから特別な施策は必要ない」といった趣旨の通達を１枚だして、事実上無視したんです。だから、子どもの権利条約にうたわれている「子どもの意見表明権」なども真剣に取りあげられていません。いまも国連の子どもの権利委員会から、こうした日本の状況はかなり批判を受け、勧告もされています。

**純子**　先ほど「学校が地域の拠点となることが重要」とおっしゃいましたが、学校のあり方自体を見直さなければいけないのですね。具体的には、どんなところを変えていけばよいのでしょう。

**小国**　インクルーシブな社会では、多様な人たちがだれもが自由に意見を言えることが重要です。学校においても同様に、構成員である教職員と生徒たちが声をあげることのできる仕組みをつくることが重要です。だから、インクルーシブ教育の実現には、教職員にとっては教育委員会に対して意見の言える仕組みづくり、子どもたちにとっては生徒会活動や自治会活動、校則の見直しも一緒に進めなければなりません。

　ところが、それに逆行して2000年ごろから職員会議は議決機関ではないとの話が出始めました。校長が経営全般を指揮する権限を持ってい

て、職員会議は校長の補助機関にすぎないという位置づけになりました。

**純子**　さっき旧文部省の通達に「高度に発展した民主主義国家である日本」と書かれていたと伺いましたが、私はそこにすら危機を感じています。日本が本当に民主主義国家としてインクルーシブ教育に真面目に取り組む意志があるなら、勧告にも応じているはずです。

　今日、小国さんのお話をお聞きして、日本ではインクルーシブ教育の意味を十分に理解せず、世界の風潮に合わせるぐらいのつもりで採り入れたばかりに、ものすごくいびつなものになっているんだろうなと思います。いまからでもいいので、インクルーシブ教育をもう一度きちんと議論しなおしてほしいと願わずにいられないです。

## 医療の対象として見るか、社会問題としてとらえるか。

**小国**　先ほど話をした「通級指導」の成り立ちにも、当時の旧文部省の思惑が色濃く反映しています。

　養護学校が義務化された1970年代、世界では"ともに学ぶ"ことを前提とした「統合教育」が盛んに行われていました。この世界の趨勢を意識して、「ともに学ぶことを最大限に配慮しつつ」といった言葉は、すでにこのころから行政文書のなかで使われていました。

　当時、特殊教育の対象児童は、欧米にくらべて日本では非常に少なかったため、旧文部省は「日本では、すでに統合教育は達成されている」と自己評価しました。あとは子どもたち一人ひとりの個別のニーズに対応することが課題だとして、通級指導を充実させることになったんです。

　その後、インクルーシブ教育を導入する際に、通級指導がいっそう充実されました。それまでは通級指導が受けられるのは数校に1校の割合でした。通級指導を実施していない学校の子どもは、保護者が通級指導を実施している学校まで連れていって受けさせていました。それがこのときから、原則としてすべての学校で通級指導が行えるようになりました。

　ただ、教師の数が足りないので、1人の教師が複数の学校を数日ずつ巡回しているケースもあります。その結果、算数4時間のうち1時間だけ"取りだし"といったいびつなことが起こっているのです。

　特別支援教育に詳しい研究者は、「通級指導を充実させたことによって、日本は世界に対し、通常学級がインクルーシブな状態にあると宣言することになった」と述べています。

**純子**　えーっ!?　それは"やってます詐欺"ですよね。現場はとてもインクルーシブな状態じゃないのに。

**小国**　そうなんですよ。さらに日本では1990年代に発達障害の定義を決める会議が行われているのですが、そのときにも同様のことがありました。ヨーロッパにならって「社会モデル」を採択するか、アメリカにならって「医学モデル」を採択するか、その2つの選択肢が議論された

ときのことです。

**純子** 障害の「社会モデル」と「医学モデル」を知らない人が多いと思うので、説明していただけますか。

**小国** 「社会モデル」とは、障害者の生きづらい原因を障害者に配慮した社会の仕組みができていないことに求める考え方です。だから、社会の仕組みから変えていく必要があると考えます。それに対して「医学モデル」とは、生きづらさの原因は個人の心身機能にあるので、個々の努力や医療・福祉の領域であるとする考えです。

歴史的に見ると、先ほど申し上げた「統合教育」をはじめ、1970〜1980年代は医学モデルが世界の主流でした。リハビリなど特別なトレーニングを行って、障害となるものを克服したり軽減したりすることが目指されていました。たとえば、車いすで登校する子は有無を言わさず取りだされて、特別支援学校に行かされていたのです。

ところが、学校にエレベーターやスロープが設置されるようになると、車いすの子も問題なく普通学校に通えるようになります。発達障害、知的障害、情緒障害などの子どもについても、その子たちがつらい思いをしたり、一緒に学べなかったりする制度や仕組みを見直し、学校側の態勢を改善するべきだとの意見が強まっていきました。こうして障害の社会モデルに注目されるようになりました。

ヨーロッパでは社会モデルが主流で、アメリカでは製薬業界が強いこともあり、医学モデルが主流です。

**純子** 「インクルーシブ教育」といっても、ヨーロッパとアメリカとではずいぶん違うのは、そういった考え方の違いがベースにあるんですね。

**小国**　はい。発達障害の定義を決める会議の話に戻ると、中間報告では
この２つの定義が併記されましたが、最終的に日本は医学モデルを採択
しました。採択の経緯を調べた研究からみえてくるのは、医学モデルを
採択したのは、旧大蔵省（現在の財務省）から予算取りするための判断
が影響していた可能性が高いというものです。社会モデルにすると、対
象児童が非常に多くなり、予算を出してもらうことができないからで
す。旧文部省は旧大蔵省に対して、交渉力がなかったわけですね。

**純子**　予算ありきで言葉の定義まで変わるなんて、ひどい話です。

**小国**　まったくそのとおりです。しかも、社会モデルは社会環境に原因
を求めているので、大蔵省から「原因は学校の仕組みにあるのではない
か」と指摘される可能性があります。学校の体制を改善することで問題
が解決に向かうのであれば、新たな予算を必要としなくなります。医学
モデルを採択して、病気を原因にすれば、予算をつけざるを得ないし、
対象児童数が絞りこめるから、妥当な予算額を要求ができます。このよ
うな経緯で発達障害が医学モデルでとらえられるようになりました。

　"取りだし"教育、つまり通級指導は、ここまでお話ししたような歴史
的背景に根差したものだと、私は考えています。

**純子**　でも現在は、一応、社会モデルが採り入れられているんですよ
ね？

**小国**　はい。障害者権利条約の批准に先立ち、国内法を見直して、特別
支援教育にも社会モデル的な要素が入るようになりました。ですから、
本来は授業のやり方などを変えなければいけないのですが、「一人ひと
りの子どもが最大限に発達する学びの最適の場を保障する」といった言

葉が「それぞれの子どもを特別な空間に入れて、特別なケアをしたほうがいい」と解釈され、事実上、医学モデルが継続されてしまっているのが現状です。

## 日本の学校教育の歴史は、"人材育成"の歴史

**純子** 日本では、不登校やいじめとともに、子どもの自死が近年急増していますよね。子どもが自らの意思でいなくなるなんて、普通では考えられない事態です。社会や学校のあり方に、子どもたちが悲鳴をあげているのだと思います。子どもたちが生きやすい世の中にすることは、いますぐ取り組まなければならない課題なのに、なぜ放置されているんでしょう。

**小国** 冒頭に、教育とは一人ひとりのかけがえのない命をどう育むかという視点が出発点であると申し上げました。本来、学校教育は人権を保障するところだし、それがますます重要になっているのに、いまだに"人材育成"の視点から抜けられていないところに大きな問題があると思います。

　これまでは日本では、戦前であれば強い兵隊をつくりたいとか、戦後であれば高度経済成長で優秀な工場労働者を育てたいといった"人材育成"の視点で教育を行ってきたのです。しかし、この先10年、20年たったときに、必要な人材像は大きく変わっていくはずです。それどこ

**図表1　いじめの認知率の推移（1,000人当たりの認知件数）**

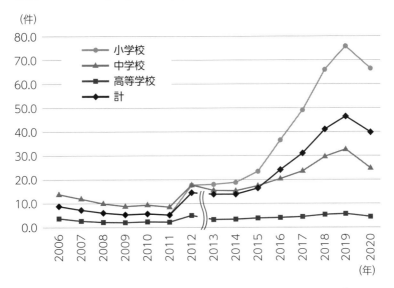

出典：文部科学省 初等中等教育局 児童生徒課「いじめの現状について」
　　　（2021年11月22日）

ろか、世界の仕事の何十パーセントが消えるといった話がでてくるなか
で、どこまで日本に産業が残り、どれだけの人材が必要とされるのか。
日本の学校教育は"人材育成"の方針では対応できない初めての課題に
直面しているといえるでしょう。

　それなのに、公立小中学校のホームページには「どのような人を育て
ることを目標とすべきか」といったフレーズがまだ掲げられています。
まるで工場が品質のいい製品をつくることを目標にしているのと同じよ

**図表2　児童生徒の自殺の状況推移グラフ**

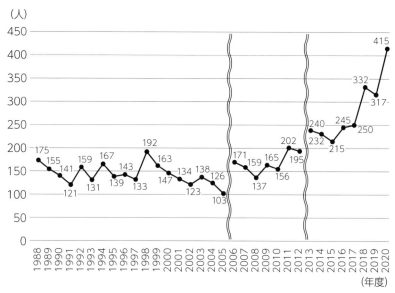

1988〜2005年度は公立のみ、2006年度から私立学校、
2013年度から高校通信課程も調査。

出典：文部科学省 初等中等教育局 児童生徒課
　　　「令和2年度 児童生徒の問題行動・不登校等生徒指導上の
　　　諸課題に関する調査結果について」

うに感じます。

**純子**　いまの時代にはそぐわない考え方だと思いますが……。

**小国**　はい。学校が掲げるべきは、学校がどんな使命を持っているの
か、どんな教育の場を保障するのかという目的です。特定の〝人材育

成"をめざすのではなく、あるべき市民像は多様であるべきです。一流企業に行ってバリバリ働く人や、世界を放浪しながら生きていく人、生活保護を受けて生きていく人、いろんな市民像があっていいのに、いまだに特定の人材を育成しようとしている。

**純子**　子どもたちは、競争社会のなかで「がんばれ」と言われ続け、障害のある子どもも「できるようになる」ことが求められています。そのレベルはどんどん高められ、ついていけなくなる子どもは多くなり、到達できない人は淘汰されていく社会のあり方に、最近つくづく疑問を感じます。

**小国**　そうですね。社会における競争の熾烈化と学校教育の現状が、子どもの危機を深刻化させています。

　福井県では、2017年に福井県議会が福井県庁に対して意見書を出しましたが、そこからも教育現場を取り巻く異常な状況が読み取れます。「学力日本一を維持することが教育現場に無言のプレッシャーを与え、教師、生徒双方のストレスの要因になっている。日本一であり続けることが目的化し、本来の教育のあるべき姿が見失われてきているのではないか」と、テスト漬けになっている現状への批判がなされました。

**純子**　1960年代にも同じような議論が巻き起こって、全国統一テストが廃止されたことがあったと思います。いままた起こっているんですね。

**小国**　あのときも特殊学級（現在の特別支援学級）に入る子どもが増えましたが、背景にはテスト結果について、行政による学校への圧力がありました。いまも同じような状況が指摘できます。つまり、早い話が点

数の低い子が特別支援学級に移ってくれれば、その子が統計上の対象から外れるので、学力テストの平均点が上がるのです。

　たとえば、1学年が50人で、学力テストの平均点が70点だったとしましょう。20点の子が1人、特別支援学級に移れば、授業改善などしなくても平均点が1点上がるわけです。平均点が0.5点上がった下がったと一喜一憂する状況なので、1点でも上がるのはすごく大きな「効果」です。ゆがんだ「効果」ですけどね。

　実際に話をした教師のなかには、意図的にそういうことをしている人はいませんが、テストの点数を上げろというプレッシャーはすさまじいと聞きます。そうなると、テストの点数が上がるのはいいことだという思いが教師や校長の頭のなかに生じてしまう。そして、勉強のできない子は特別支援学級でそれにふさわしい教育を受けたほうが、その子のためだというロジックが生まれやすくなる。結果、障害のある子どもが通常学級から排除されることが正当化されていくのです。

**純子**　テストの点数で教育の質を測れるはずがないのに、なんて貧しい教育なんでしょう。インクルーシブ教育にほど遠い話で、ため息がでますね。

**小国**　日本社会のさまざまな矛盾が、学校教育に集約的に表れているといえるでしょう。

## 一番しんどい子どもを優先する大空小学校

**純子**　小国さんは大阪市立大空小学校の実践研究の一環として、2018年に4日間にわたるワークショップ「特別支援教育を問い直し、今後の公教育の形を考える」を開催されたそうですね。私は映画『みんなの学校』に感銘して、ジェイミーを地域の学校で学ばせたいと強く思うようになったのですが、小国さんはワークショップをとおしてどんなことを感じられましたか。

**小国**　大空小学校のすばらしさは、すべての子どもの学習権を保障するというミッションを掲げているところです。

　興味深いのは、元校長の木村泰子先生たちが教育学や憲法学を勉強されて、そういう結論に至ったわけではないことです。目の前の子どもたちを見て、「どうしたらこの子たちが自分らしく生きていけるか」をとことん考えて、ああでもないこうでもないと日々試行錯誤するなかでたどり着いた結論が、日本国憲法にうたわれる基本的人権の精神に通じるところであった点がすばらしいと思うんです。「草の根の教育哲学」というのでしょうか。

　しかも、すべての子どもの学習権というとき、大空小学校の場合はその場で一番しんどい子の学習権を優先します。多くの学校では、「すべての子ども」といいながら、実際には大多数の子どもの学習権を優先し、少数の子どもは「その子にふさわしい学習の場を保障すべきだ」という言い方で、通常学級から排除してしまいがちです。手のかかる子ど

もの親には「あなたのお子さんはみんなに迷惑をかけているんですよ」といった圧力をかけて、特別支援学級に移らざるを得ないように追い込んでしまうような話もよく聞きます。

**純子**　障害のある子どもの保護者は、私もそうですが、学校やほかの保護者に迷惑をかけてはいけないという気持ちが強いので、そこを突かれると弱いんですよね。最近交流しているお母さんたちからも、地域の学校への就学を希望すると、「階段は上れますか」「オムツは取れていますか」「食事は介助なしで食べられますか」などと聞かれるそうです。「まだなんです」と答えると、「大変ね。心配でしょう。大丈夫？」と言われたりして、肩身の狭い思いで自ら特別支援学級を選択するケースが増えていると聞きます。

**小国**　「しんどい子」がそのときどきで違うと木村先生がおっしゃっているのも大事な点です。ときには恵まれた家庭の子かもしれないし、普段は大きな問題を抱えていなくて、たまたまその日、つらいことがあった子かもしれない。

　また、学習権の保障といったときに、学習指導要領の内容をどう習得するかというごく狭い範囲に限定しがちです。しかし、大空小学校では、学習権とは何を学ぶのかという選択権自体が子ども自身にあることをいいます。そこから「この子にとって必要な学びは何だろうか」と、教職員やサポーター、子どもたちがみんなで一緒に考えていきます。そして、その学びを保障するために、その子がもっとも安心できる場所・とき・関係は何なのかをみんなで考え、学校を伸び伸びと学べる環境へと変えていくために試行錯誤を繰り返していくのです。

**純子** よりよい環境をつくっていくという点で、これも社会モデルに根差した取り組みといえますよね。

**小国** おっしゃるとおりです。そのために校則も徹底して見直しをかけ、どんどん廃止していかれたと伺いました。たとえば「廊下で走ってはいけない」という校則のために、ひとりの子が学校に行きにくいのなら、その校則は廃止するといった方針で取り組まれてきました。これも社会モデルですね。たったひとつ残した校則が「自分のいやなことを人にしない」こと。

**純子** 「人のいやがることはしない」というのはよく聞きますが、「自分のいやなこと」というのは、わかりやすくておもしろいですね。

**小国** 「人のいやなこと」は、人によってさまざまだから、わかりづらいけれど、「自分のいやなこと」はわかる。教師の役割は、「Aちゃんがいやなことは、あなたがいやな〇〇と一緒だよ」と通訳をしてあげることなんです。そのようにして、他者を尊重することを学んでいるんですね。

**純子** なるほど！

## "ともに学ぶ"は子どもたち以上に教師の課題

**小国** 通常、障害のある子にかかわれば、何かしら手伝ってあげないといけないので、「お世話をさせられて、私はとても嫌だった」といった

感想を述べる子どもたちもけっこういると思います。しかし、大空小学校は「手伝ってあげる」のではなくて、「どうすれば、その子が生き生きできるかを、みんなで考えよう」という姿勢なので、そのこと自体が、まわりのみんなにとっての学びであり成長なんですね。

　従来の社会モデルは、どうしたら公平公正になるのかという議論にとどまっていました。それに対して、社会モデルは、多くの子どもにとって、もしくは多くの大人たちにとっても、学びや成長につながり得るのだと、実践を通して描きだしたのが、大空小学校です。そういう意味では、理論の先をいっている感じすらします。

**純子**　ジェイミーのまわりには、授業中にさりげなくタオルでヨダレを拭いてくれる子や、運動会の徒競走で体調が悪そうなのを察して、とっさに手をつないで一緒に走ってくれた子などがいて、私たちや先生はいつも驚かされます。「やってあげる・やってあげた」という意識はなく、普段どおりにふるまっているだけなんですって、子どもたちは。"ともに学ぶ"のはこういうことかと何度も教えられました。

**小国**　保護者の方々に話を伺うと、子どもたちはごく自然に受け入れ接していると一様におっしゃいます。問題は、教師の側なんです。「障害があっても自分でできるようにならなくちゃいけないから、やってあげてはいけないよ」というようなアホなことを言う教師もいます。「お世話してあげてありがとう」と、いちいち感謝するのもおかしい。ましてや「サービスをしたあなたは偉いよね」と、ほめるような話でもありません。

　子どもたちの普段どおりのふるまいを見ていた教師が「ああ、自分は

"ともに生きる"意味をわかっていなかった」とか「ジェイミーさんがいることによって、ほかの子たちも育っているんだ」と、ハッと気づいて、それまでの感覚を書き換えることができれば、クラス全体がうまくいくでしょう。教師こそ、学ばなければいけないのだと思います。

## いじめを封じるのではなくて、いじめから学ぶ。

**純子**　大空小学校の方が「大空小学校でしていることはインクルーシブ教育ではない」とおっしゃるのを聞いたことがありますが、小国さんはどう思われますか。

**小国**　私たちのような外部の人間が「大空小学校ってインクルーシブ教育ですよね」と言ったことに対して、「ああ、そうなのかもしれない」と得心される部分と「ちょっとちがうなあ」と得心されない部分があるんだと思います。そのオリジナリティが、大空小学校の強さの秘密じゃないでしょうか。定義づけなんか関係なく、目の前の子どもを見たときに、「この子にとって何が必要なのか」と考え抜くことが活動の中心なんでしょう。

**純子**　一人ひとりの子どもに寄り添って、その場その場でどうしたらいいのか考えた結果が、インクルーシブ教育に近いものだったのですね。

**小国**　大空小学校でいう"いい教育"とは、世間一般でまかりとおっている"いい教育"ではありません。授業時間だって、静かに聞いていま

せん。休み時間になるといろんなところで衝突やケンカが起きる。でも、そこで学習が始まるんですね。

　生徒が前を向いて、静かに先生の言うことを聞くのが、"いい学校""いい教育"と思っているかぎりは、ケンカから学ぶという発想は生まれません。大空小学校へ転任してきた教師は、それまでの学校と全然違うルールで運営されていることにとまどうことになるでしょうね。

　教師は"いい子"で育ってきている場合が多いので、できない子の気持ちやケンカする子の気持ちがわからない人もいます。そのなかで教師がどれだけ学べるか。学ぼうとする教師は、子どもたちの側に近づいて寄り添おうとするので、クラスがだんだん落ち着いてきますが、そうできない教師は反発を招いて学級崩壊が起きることもあります。

**純子**　7年前に見学に行ったときは、1・2年生の教室はとても騒がしく、席につかない子もいて、パッと見には学級崩壊しているようでびっくりしました。イギリスの都市部の荒れた小学校を知っているから、多少のことでは驚かないんですけど。

　それなのに3・4年生の教室へ行くと、あれっ、ここでは"取りだし"されているの？と思うくらい静かでした。先生と思って声をかけたらボランティアの方で、「特別支援児童は10人ぐらいいます」と言うのですが、みんな落ち着いていてどの子かはわからないんです。すごいマジックだな、居心地がいいんだなと思いました。

**小国**　私が見に行ったときの大空小学校は、崩壊から学んでいる感じでした。失敗の連続だったような気がします。「やり直し」という言葉がすごく大事にされていて、教師は朝の会で「昨日私が失敗したこと」を

笑いとともに共有することから始まっていました。だから、ひとことでいうと、失敗の許された学校なんですね。失敗から学べた学校といってもいいかもしれない。

たとえば、いじめがあっても、ただ反省させるのではなくて、なぜ起きてどう感じたのか、本当は何を伝えたかったのか、じゃあどうしたらよかったのかといったことに、ていねいに向き合わせる時間をつくる。人とかかわる時間をすごく大切にしているところが、日本の学校の新しい目標を示唆している気がします。

**純子** いじめから学ぶという姿勢は印象的です。いまの学校では、いじめは「あってはいけないこと」とされています。いじめに関する事件は、ニュースなどでも「あってはいけないこと」として報道するし、大人も隠そうとします。子どもたちもそう教えられているから、自分を抑えこんで、どんどん黒い気持ちが心のなかにたまっていくのかもしれません。

でも子どもがいたら、いじめがあって当然と思ったほうがいいんじゃないでしょうか。ポジティブ思考で、ピンチをチャンスに変える力を子どもたちに学んでもらう機会ととらえてもいいと思うんですよ。いじめを「あってはいけないこと」として扱っている限り、学びに変えることはできません。

**小国** 大空小学校がいわゆる"いい学校"から外れてもやっていくことができたのは、木村先生の卓越したコミュニケーション力によるものだと思います。月１回のスクールレターや、入学式、卒業式、運動会などで保護者に向けてメッセージを発するときに、生徒一人ひとりが大空小

学校という独特の環境のなかで、どのように学んでいるのかを意味づけるんですね。

　ケンカがあったときなども、家に電話をかけて「お子さんはいま、こういうことを学んでいるんですよ」とフォローする。すると親たちは、子どもが自分なりに考えているとか、それを支えてくれる友だちがいるとか、背景にある、通常であれば明らかにならない物語を知ることができるので、学校をサポートしようという気持ちになっていくのでしょう。

**純子**　うまくいかないときもたくさんあっただろうし、並大抵なことではなかったと思います。

**小国**　とても難しいんですが、いまはますます大空小学校のような学校が求められていると思うんですよ。

　私がかかわっている長野県木島平の小さな村にある小中学校は全校生徒で200人くらいしかいないんですが、放課後は家に帰ってオンラインゲームで友だちと遊ぶと聞いて驚きました。学校の統廃合が進んだために、家と学校が遠くなって通学はスクールバスだし、友だちの家とも遠くて放課後に会って遊ぶことができないのです。

　のどかな田園風景が広がっていて、地域コミュニティもしっかりしていそうな美しい農村部なんですが、そんなところですら子どもたちは個別に分断されています。"ともに学ぶ"とは、ケンカをしたり、いじめたり、いじめられたりも含めて、他人の痛みを知り、人をいたわることの大切さを知ることです。それが地域でできなくなっている。

**純子**　生身で他人と触れ合うことができる場が、学校だけになっている

んですね。

**小国** 都会では1960年代くらいまでは地域に路地があり、そこへ行くと学年の違う子も含めた遊び仲間がいて、人とかかわる力が自然と身につきました。一方、教科書の勉強は学校でないとできませんでした。

　ところが、いまは逆です。勉強は家でオンラインでもできますが、"ともに学ぶ"ことは、学校でしかできなくなっています。それだけ学校の役割が大きくなってきているのです。

## 違和感を口にして連帯することが第一歩

**純子** 大空小学校のような実践例がある一方で、日本のインクルーシブ教育はまだまだ遅れています。

**小国** 国連が目指すインクルーシブ教育の実現までの道のりは遠く、かなり難しいことだと思います。ただ大空小学校のような、子どもの人権を最優先する学校が生まれたわけですから、これからも同じような学校が生まれる可能性はあると思います。大阪は府も市も、新自由主義のはびこる最悪の教育行政にもかかわらず、大空小学校はその教育行政が考えた学校像を見事に裏切ってくれました。

**純子** 私たちは、インクルーシブ教育を実現するために、どのように動けばいいでしょうか？　障害のある子の保護者だけではなく、ほかの保護者や一般市民も含めて、私たちにできることを考えていきたいのです

が。

**小国**　純子さんがおっしゃったように、「インクルーシブ教育を実現することは、社会をつくり直すことなんだ」と、問題提起することが非常に重要だと思います。

　それには違和感を口にすることが大事なんだと、今日改めて学ばせていただきました。違和感を口にして、違和感を通じていろんな人とつながっていく。その次に求められるのは、いまの学校教育や社会の仕組みのおかしさを知り、自分たちの正しさの裏付けを得ることだと思います。違和感を媒介として連帯し、まわりの市民を巻き込んでいけば、世の中を動かす大きな力となっていくでしょう。

**純子**　違和感を口にすることが大事であるとご指摘いただいて、すごく勇気づけられました。それなら私たちにもできます。先生方に「こんなのおかしいから、運動しましょう」とストレートに声をかけても、なかなか参加していただけません。でも、先生たちを応援する歌にのせて割烹着姿で踊っている映像をYouTubeにあげたときには、学校の先生から「通勤電車の車内で見て泣いてしまいました」というコメントが寄せられました。皆さん、思いを内に秘めているけれど、外へ出すことができないだけなんだと思います。

**小国**　純子さんのような知的で行動力のある市民の登場を頼もしく思います。1970年代の運動は、東京では心理学者、大阪では日教組の教師たちが中心でした。しかしいまでは、心理学者は臨床心理士という国家資格ができて異議を唱えにくくなり、日教組も批判的な行動をとれる状態ではなくなってしまいました。つまり、専門家が助けてくれない時代

になってしまったわけです。

　その代わり、教養があり、コミュニケーション力や行動力にすぐれた
パワフルな新しい市民が声をあげはじめました。純子さんのように、国
際経験のある方も多くて、日本の当たり前を疑う経験を持ち合わせてい
ることに希望の光を感じています。

　純子さんの場合はとくに、親しい保護者や市民、学校関係者も含めて
周囲を巻き込んでいかれたところがうまくいった要因のひとつだろうな
と思います。これまで出会った保護者のなかで「なんとか学校を動かせ
たよ」という方は、非常にコミュニケーション力の高く、論理の組み立
てのうまい聡明なお母さんたちです。相手を批判せず上手に巻き込んで
いく力を持っておられるんです。研究会などを通して、そういう市民の
方々に出会うたびに「すごいな！」と感嘆しています。

## 教育こそ、社会をよりよく変えていく原動力

**純子**　ありがとうございます。私は人との縁にも恵まれ、本当に運がよ
かったんだと思います。

**小国**　いやいや、そんなことを言ったら、うまくいったときはみんな運
がよかったことになります。考えられないような努力があり、応援して
くれる仲間をつくる力をお持ちだったからこそ、運をたぐり寄せること
ができたのでしょう。

また、純子さんのパートナーの方の存在も大きかったんじゃないかと思っています。保護者の方からは、夫はそういうことに対して冷たかったり、親族から白い目で見られたり、自分ひとりで闘わざるを得なかったと伺うこともあります。純子さんの場合は、ジェイミーさんの学ぶ環境をどうすればいいかとパートナーと一緒に考えられ、世の中の間違いに気づかれたことがすごいなと思います。

**純子**　幼稚園の先生方やまわりの保護者の皆さん、ご近所の皆さんたちにも、ずいぶん助けていただきました。

**小国**　もちろん、みんなが心を寄せてくれた背景には、ジェイミーさんの人徳もあるでしょう。ジェイミーさんには、まわりの子を励ましたり朗らかにしたり、場合によっては育てていく力があります。しかし、そういう魅力を持った一個人であることを無視して、特別な介助や教育を受けなければいけないサービスの対象として矮小化してしまっているところに、現在の特別支援教育の限界があります。

**純子**　私は息子の小学校就学をとおして、インクルーシブ教育と出会いましたが、知れば知るほど「これこそ社会が必要としているものではないか。もっとこの考え方を広く知らしめたい」と思うようになりました。私が本能的におかしいと思ったり、違和感を覚えることができたのは、私自身が受けてきた教育のおかげだと思っています。そのくらい教育の力は大きいと考えています。

　自分の子どもが学校を卒業してからも教育に対して興味をもち続ける人は少ないですが、社会が変わる原動力は絶対に教育だと、私は強く信じているので、これからもいろんな人に伝え続けていこうと思います。

本日はありがとうございました。

**小国** こちらこそ、ゆっくりお話ができて楽しかったです。ありがとうございました。

**プロフィール**

## 小国 喜弘さん

　1966年兵庫県生まれ。東京大学大学院教育学研究科教授。2018年度より東京大学大学院教育学研究科附属バリアフリー教育開発研究センター長。映画『みんなの学校』で有名な大阪市立大空小学校と東京大学のコラボにより、2018年度、のべ4日間にわたって、「特別支援教育を問い直し、今後の公教育の形を考える」ワークショップを開催。

　著書に『障害児の共生教育運動 養護学校義務化反対をめぐる教育思想』（東京大学出版会）、『日本の海洋教育の原点 理科編』（一藝社）、『戦後教育のなかの"国民"─乱反射するナショナリズム』（吉川弘文館）、『民俗学運動と学校教育─民俗の発見とその国民化』（東京大学出版会）、『「みんなの学校」をつくるために─特別支援教育を問い直す』（共著、小学館）など。

対談
3

ゆとりある教育を求め全国の教育条件を調べる会事務局長
**山﨑 洋介**さん

×

**佐々木サミュエルズ 純子**

いまの教育に圧倒的に
足りないのは「人」と「お金」

## グレーゾーンの子を持つ保護者たちの悩み

**純子** 山﨑さんは、いま少人数学級の実現に向けた取り組みをされていますが、以前は中学校と小学校で計35年間教員を務められ、後半の12年間は特別支援学級の担任を持たれたそうですね。私はダウン症の息子が地域の普通学校に入学するときに苦労しましたが、山﨑さんは現役で教師をされていたころ、障害のある子の就学前の相談にはどんなふうに対応されていたんですか。

**山﨑** 特別支援教育は地域によって事情が違いますが、私は就学前から保護者と率直に話し合いをして、普通学校と特別支援学校や支援学級のそれぞれのメリット、デメリットを説明するようにしてきたつもりです。

　でも、とってもつらい話なんですが、学校側のキャパシティがすごく小さくて、障害のある子に対しても限られた支援しかできないんですよね。気持ちとしては、あれもこれもやってあげたいのだけれど、「うちの学校に来てもらっても、これくらいしかできない」ということが先生も支援員もわかっている。だから、食事やトイレをひとりでできるかどうかといったことが、受け入れのときのハードルになってしまうのです。

　その一方で、逆に子どもにできることが多いほど、手厚い支援が受けられなくなるという話も聞きます。車いすのように障害が可視化していたほうが、支援を受けやすいという側面もあるようです。

**純子** 確かに息子のジェイミーはダウン症なので、明らかに見た目でわ

かる分、比較的、支援の手が伸びてきやすいかもしれません。

**山﨑** 子ども同士でも、特別支援学校や支援学級の子はあまりいじめられたりしないんです。通常学級にいるグレーゾーンの子たちのほうが「オレらと同じなのに、なんでこんなことができないんだ。迷惑かけんな」というふうな見方をされてしまう。いまの社会には「自立しているなら、自分のことは自分でしなさい。結果については自己責任で」という考え方が定着してしまっているからでしょうかね。

**純子** グレーゾーンの子を持つ保護者たちは、重度の子の保護者とはまた別の悩みを抱えています。ジェイミーくらい知的な発達が遅れていると覚悟ができるというか、「みんなと一緒にいさせてあげること」だけに一心になれます。ところが、なんとか勉強ができていると、学力を伸ばしてやりたいという気持ちが強くなって、そのためには個別指導を受けられるほうがいいかもしれない、特別支援学級や支援学校に行かせたほうがいいだろうかと、気持ちが揺れるんです。なんとか勉強させたいのに、ほかの子たちと同じようにいかない我が子へのモヤモヤがあるから、すごく苦しいだろうなと思います。

**山﨑** 特別支援学校の先生から、よりよい支援を受けるために、障害判定を受ける際にはできないことがいっぱいあるとアピールしたほうがいいという話を聞くことがあります。できるだけ自立できるようにと一生懸命育ててきたのに、先生たちにとってもジレンマですよね。

福祉や公的サービスは、それを受けられるかどうかのラインをどこか引かないといけないじゃないですか。公正にやろうとすると、客観的な判定が必要になるので、「できないことアピール」になっちゃうんですね。

純子　私はこの先、インクルーシブ教育を実現していくためには、重度の障害のある子どもの受け入れが鍵になると思っています。重度の子ってはた目からもわかりやすいでしょう。重度の子が当たり前に教室にいるようになって、軽度の子たちが「自分がいても迷惑じゃないんだな」と思ってくれるとっかかりになればいいと願っています。ただ、重度の子ばかりに先生の手をとられて、ほかの子たちに目がゆき届かなくなると、「不公平じゃないか」という声もあがるかもしれないので、バランスが難しいでしょうけれど。

山﨑　普通学校のなかに支援学校をつくる、あるいは隣につくればいいかもしれませんね。

純子　支援学校をつくるのにかかる費用を普通学校に均等に分配して、教室を増やし、誰でも行ける教室にすればいいと思うんです。障害のある子だけじゃなくて、不登校の子や「今日はちょっと教室イヤだな」と思う子も、いつでも受け入れてくれる場所があれば安心でしょう。

## 子どもも先生もいろんな個性があっていい。

純子　もう1つ思うのは、いまの先生たちって、私たち保護者にお客様みたいに接してくださるんですね。ありがたいのだけど、そんなに気を遣わなくてもいいのに、一個人として本音で付き合ってくださってもいいのに、とも思います。ていねいすぎて、ちょっと壁を感じる部分も

あったりして……。管理が厳しくなっているのかな。

**山﨑** 先生たちも社会の風潮に影響されるので、そうなっているのは、世の中の反映だと思いますよ。私が社会に出たころは、すごく個性的な先生が多かったなあ。ずばぬけた部分を持っているけれど、そのほかはちゃらんぽらん、ハチャメチャだったりして（笑）。

**純子** 私がイギリスにいたときの先生たちも、とっても自由な雰囲気でしたよ。当時は、アパルトヘイト政策の終わった南アフリカから引き揚げてきた人がたくさん先生になっていたり、オーストラリア人やニュージーランド人などいろんな国籍の先生がいて、そんな一方で非正規化も進んでいました。

　私の友人たちのなかにはヒップホップのミュージシャンみたいに長〜い髪を細かく三つ編みにした先生がいて、「それは許されるの？」って聞いたんですね。そしたら「保護者がOKならいいと管理職に言われたから、保護者に尋ねたら、カッコよくて子ども受けするからそのままでいい」と言われたんだそうです。日本の先生たちは、身なりだってきちんとしていないと、上司や保護者から注意されるから気を遣いますよね。

**山﨑** いまの若い先生は、いわゆる優秀な人、スマートな人が多いですね。でも、昔と比べると個性的ではないように思う。この世の中にうまく適合するように、私たちの世代がそう育ててきたのかもしれません。

**純子** 私が子どものころはいろんな先生がいて、もっと伸び伸びしていたように思います。もちろん、いい先生ばかりではなく、変な先生や"反面教師"もいましたけど……（笑）。

山﨑　自分の学生生活を振り返っても、問題のある先生のほうが多いぐらいです。でも、「ああはなりたくない」という気持ちが強く働くから、"反面教師"も含めて教育なんですね。

　ここ最近、先生になる人は、学校教育のなかでうまくやってきたと自負しているパターンが多いんです。聞くと、自分は学生時代に勉強もいっぱいさせられたし、部活も厳しかった、苦しい学校生活のなかでがんばって生き残ってきた、みたいな話だったりする。

　必要だから学んだというのではなく、与えられた課題をうまくこなしてきたことが成功体験になっている先生が多い。ちょっとズレてるというか、価値観の違いを感じてしまいます。

純子　優等生の先生ばっかりだと、落ちこぼれといわれてしまう子どもたちをうまく受け止められるのか、不安な気もします。

山﨑　私も教員になりたてのころは、金八先生のような"いい先生"になろうと燃えていましたし、努力もしました。でも、いま考えたら、"いい先生"の定義が間違っていた。教育に情熱をかけたら、子どもたちが健全に育ち、自分も子どもたちから慕われて、尊敬されるようなイメージを抱いていたんですね。だけど、教育はそんなに簡単なものではありません。がんばろうとしても、空回りするばかりでした。

純子　現実ってドラマみたいにはうまくいきませんよね。

山﨑　ひとりの教員がどれだけがんばったって、子どもの人生に与える影響はたかが知れています。空回りして四苦八苦しているうちに、子どもたちは自ら成長発達し学ぶもので、教育とはみんなでそれを保障することだと気づきました。

　熱心な教員は、子どもたちの日記に延々と返事を書き続けるとか、学級通信を毎日発行するといったことに情熱をかけすぎる傾向があります。別に悪いことではないのですが、ひとりの先生にできることは限られています。ひとりでがんばるのではなく、まわりの先生や保護者と一緒になって、みんなで育ち合う環境をつくることが大切なんじゃないでしょうか。

　教育の目的である「人格の完成」とは、その人らしく全面的に発達することです。子どもはいろんな引き出しを持っていて、恐い先生じゃないと引き出せない引き出しもありますが、やさしい先生じゃないと引き出せない引き出しもあります。

**純子**　だから、全面的に発達するには、いろんなタイプの先生や子どもたちがいたほうがいいんですよね。

**山﨑**　教育はとかく愛情とか情熱などの精神論で語られやすいものです。文部科学省と教育委員会は、お金を出さず、環境を整えず、先生たちに「がんばれ」と言い続けてきた。スクールの語源である古代ギリシャ語のスコーレが「余暇」を意味するように、教育は本質的にゆとりがなければ成立しないんです。

　ところが、いまの教員はとにかく忙しい。おかしな話だけど、授業を準備する時間もない。「働き方改革」からも置き去りにされ、滅私奉公するものだと聖職扱いされてしまっている。個性を発揮した授業をする自由もありません。

　私は、ちゃんとした教育条件を整えたうえで自由を与えたら、日本の教員は基本的に大きく間違った方向にはいかないという信頼感を持って

います。先生たちの自由を奪っていることのほうが、教育を阻害しているといえるでしょう。いま学校に必要なのは愛と情熱ではなく、知恵と工夫でもありません。「人と予算」なんです。

## 教育は子どもの幸せのためのもの。では幸せの指標は？

**山﨑**　ところで、教員生活の最後に6年生のクラスで「津久井やまゆり園」の事件を題材にした道徳の授業をしたんです。

**純子**　障害者施設で重度知的障害のある入所者が大勢殺傷された事件ですよね。

**山﨑**　あの犯人は「重度の障害者は役に立たない」から殺したと動機を語りましたが、何より怖かったのは「役に立たない人間は生きている価値がない」という意見がツイッターなどにあふれたことでした。

　生徒たちに聞いてみたんですが、さすがにそれには共感しません。そこで質問を変えて、「世の中には役に立つ人間と役に立たない人間がいるという考え方について、どう思う？」と聞いてみました。すると、役に立つほうも立たないほうも、事例として有名人の名前がいっぱい出てきたので、今日はそれについて考えてみようと授業を進めました。

**純子**　なんだか、興味深い授業ですね。

**山﨑**　続いて「君たちは、役に立つ人間になるために生きているのか？

　生きるうえで何が本当に大事なのか？」と問いかけました。そして、そのことを一緒に考えるために、お金とか地位や名誉が大事という価値観と、家族や友だちが大事という価値観を比べて、「○○対○○ならどっちをとる？」と究極のトーナメント戦をやってみたんですよ。

　たとえば、「今日は高校受験の日で、ずっとこの日のためにがんばって勉強してきました。ところが朝、お母さんが倒れた。さあ、どうする？」みたいな選択肢を繰り返して、最後に残るのは何か。

**純子**　どんな価値観が残りましたか？

**山﨑**　それはわかりません。プライバシーもあるから発表はさせず、生徒一人ひとりの心のなかにとどめてもらいましたから。

　でも、最後に心に残ったのが自分らしさだから、それを大事に生きていこうと投げかけました。「地位や名誉も大事かもしれないし、そういう生き方もあっていいけれど、自分にとってこっちのほうが大事と思うものがあるなら、そういうふうに生きるのが幸せなんじゃない？」と。

　私たちは知らず知らずのうちに、マスコミや世間の影響を受けています。特定の価値観に沿った生き方ができない人は価値がないと決めつけたり、できないからと劣等感にさいなまれたり……そういう物差しで見ると、障害のある人はただただ福祉の対象、助けるべき相手になって「価値が小さい」ことになってしまう。けど、それは違うだろう。そのことをもう一回みんなで考えようと思って授業で取りあげたんです。何人かの生徒からは、いままでの授業で一番よかったと言ってくれました。

**純子**　そういえば、国連が発表する「世界幸福度ランキング」で、日本

図表3　幸福度ランキング（2021年版）

| 順位 | 国 | スコア | 20年順位 |
|---|---|---|---|
| 1 | フィンランド | 7.842 | 1 |
| 2 | デンマーク | 7.620 | 2 |
| 3 | スイス | 7.571 | 3 |
| 4 | アイスランド | 7.554 | 4 |
| 5 | オランダ | 7.464 | 6 |
| 32 | シンガポール | 6.377 | 31 |
| 54 | タイ | 5.985 | 54 |
| 56 | 日本 | 5.940 | 62 |
| 61 | フィリピン | 5.880 | 52 |
| 79 | ベトナム | 5.411 | 83 |
| 81 | マレーシア | 5.384 | 82 |
| 82 | インドネシア | 5.345 | 84 |
| 100 | ラオス | 5.030 | 104 |
| 114 | カンボジア | 4.830 | 106 |
| 126 | ミャンマー | 4.426 | 133 |

※5位以下はASEAN加盟国と日本のみ抜粋

出典：SDSN

は対象国150余ヵ国のうち、毎年50〜60位と低迷しています。

　要因はとくに「自由度」「寛容さ」の順位の低さ。教育は子どもたち
に幸せになってもらうためのものだから、教育が適切に行われているか
を測る指標としては、幸福度を見るべきだとも思うんです。

**山﨑**　幸福度を測るには尺度が必要ですが、日本では多くの人がその尺

度を間違えているように思います。お金や地位、名誉を尺度にしているから、みんな不幸になるんです。「自分らしく生きることができているかどうかが尺度じゃないの？」と言いたい。すごく難しくて、死ぬまで答えが出ないテーマだけど、幸福度はそこから出発するべきだと思いますね。

**純子**　イギリスの大学へ行って驚いたのは、学生たちがどんどん辞めていくことでした。入学時はクラスメートが45人いたのに、卒業したときは14〜15人しかいませんでした。辞めた子に理由を聞くと、「コンピュータのほうが僕には合っているよ」とか「私には学問は合わない。必要がないから勉強はしない」と言っていました。彼らにとって、大学は勉強や研究が必要だから行くところなんです。必要なければ、行かないんですね。

　ロンドンの企業に就職すると、優秀な人は山ほどいたけれど、出身大学のことなんて、まったく話題に出ません。ケンブリッジとオックスフォードの一部の人ぐらいじゃないかな、出身大学を口にする人は（出身校ぐらいしか自慢できるところはないの？と思っちゃうんですけどね）。大学に行ってなくても知識量も話題も豊富で「賢い人だなあ」と思う人はいっぱいいて、社会で存分に能力を発揮しています。

**山﨑**　日本では、成績がよくて数学ができると医学部を薦められるから、向いていないのに医者をやっている教え子が何人もいます。たまに同窓会で会ったときなんか、幸せなのかなあと心配してしまいます。

**純子**　イギリスで出会った友人たちは、進んだ道で成功しているように見えても、あっさり転職して違う道に行くことがあります。歴史家とし

て大成するだろうなと思った人は、いまプロサッカーチームでコーチを
しているし、ロンドンのインペリアルカレッジの医学部を卒業して、警
察官になった人もいました。日本では、なかなか思い切った方向転換
ができない圧があるように感じます。向こうは方向転換が許される寛容
な社会だから、何度でもやり直しができて生きやすいだろうなと思いま
す。

山﨑　日本の社会ではそこまで悟るのはなかなか難しいでしょうけど、
自分なりの幸せを追求して生きられるのは最高ですね。

> ## 社会の問題を
> ## 子どもの教育に転嫁してはいけない。

純子　日本では、子どもの能力を高めることが将来の幸せにつながると
いう考え方が主流ですよね。障害のある子どもに対しても、「こうした
ら伸びる」というような療育本が山ほどあって。親も子も追い立てられ
て、かわいそうな気がします。

山﨑　ある意味、親心ですよね。子どもには不幸になってほしくないか
ら、幸せになるために教育してやりたいという。それは否定しないし、
競争はあっていいと思うんです。ただ、いまやらされているのは、高め
あっていくような競争じゃなくて、生き残り競争だから悲惨なんです
よ。

　学習指導要領の前文にも書いてあります。「これからの時代はどうなるかわからない時代だけど、たくましく対応して生きていけるような子どもに育てなければいけない」ってね。子どもの側からすると、「これからは暗黒時代で、サバイバルしなければいけない」と突きつけられているようなものです。

**純子**　なんだか、世の中の厳しさを子どものうちから背負わせているみたいですね。厳しい世の中にしたのは大人たちなのに。

**山﨑**　そうなんですよ。本来、大人の課題であるものを「あなたたちがこれから解決していってね」と、子どもの教育に転嫁するなんて、とんでもない話です。大人の責務を子どもにそのまま任せてしまってどうするんですか。たとえすぐに解決できなくても、解決しようと試みる姿を見せることが大切なんですよ。子どもは、その姿を見て展望とか希望を感じるわけです。荒波に揉まれてもおぼれないように、いまから泳ぎを習いなさいという教育は、根本的におかしい。

**純子**　納得いかないですよね。それに乗っかっていると、競争社会に拍車がかかっていくんじゃないですか？

**山﨑**　おっしゃるとおりです。でも、純子さんの「わくわく育ちあいの会」のメンバーの保護者の方たちは、子どもを急き立ててあくせくするタイプじゃないですよね。

**純子**　そんなことないですよー。みんな揺れていると思う。我が子ができることが増えたらうれしいですし。ときどき、まわりが追い立てられているように見えるのですが、焦る気持ちもわかります。

**山﨑**　大人たちもみんな、この先どうなるのだろう、将来、子どもたち

は安心して暮らしていけるのかという不安を感じているから、「こういうふうに生きていけばいいよ」と自信を持って言えない。実際、統計を見ても4割方が非正規雇用者だし、貯金ゼロ世帯も急増しています。ところが、学校では公務員や正社員になることを前提に教育や就職指導が行われている。

**純子** そうだとすれば、実社会からはちょっとずれていますよね。

**山﨑** コロナ禍の巣ごもり生活で、社会基盤を支えるために必要不可欠な仕事に従事するエッセンシャルワーカーのありがたみが再認識されました。そのなかにも非正規の人がたくさんいて、安定して収入が得られるわけではない。いつまでたっても、正規雇用の労働者の権利だけを守る体制で、フリーランスや非正規労働の人たちは、置いてきぼりにされたり、「自己責任でしょ」と言われたりする。けれど、これだけ増えているのだから制度を変えていかなければならないでしょう。

　これは大人の問題なんだから、大人が解決しないとね。「厳しい時代だから、生き抜く力を身につけるために努力しなければ、未来はない」なんていう考え方では、子どもが幸せになれないと気づくべきです。

## 教育は「勝ち組」になるための「投資」ではない。

**山﨑** 私は「教育条件の貧困さ」をテーマに研究しているのですが、こういう問題については、意外なほど研究されていません。教育の自由の

問題や教育課程の問題はけっこうよく論議されているし、研究もされているけれど、数ある学会のなかにも「教育財政学会」というのはないんです。教育に携わっている人は聖人君子みたいな人が多くて、お金は不浄のものとさえ思っている節があります。

　教育というのは本質的に、人が人を教え導くもので、戦後の青空学級に象徴されるように、校舎や教室がなくても、先生と子どもがいたら教育はできるんです。ただ先生の給料は保障しなければならないから、教育費はどうしても必要になります。日本人は、教育は個人的なものであって、我が子の教育については公的に助けてもらえるものではないと思い込んでいるようですが。

**純子**　イギリスでは、サッチャー政権の教育改革でひっくり返るまで教育はすべて無償だったんですよ。だから、イギリスにいたときは、私のまわりは、高等教育までを無償で受けていたり、無償でなくなった後も公的支援を受けている人たちでした。塾なんてなかったですしね。

　私が育った長野県の人口4,000人ほどの小さな村にも塾もなかったんですが、進学で上京して社会人になってから帰省すると、田舎の人たちから「純子ちゃんってすごいね。いい短大に行って、いい企業に就職して」と言われるようになりました。企業がすごいのであって、私がすごいのじゃないのに。そして、「いい」学校、「いい」企業って何なんだろう？と。

　大学や企業をブランドみたいに扱って、すごいと言われるために走らされているのなら、私は競馬場の馬と一緒じゃない、そんな人生イヤだと違和感を覚えていました。

山﨑　そうした背景には、教育を将来への「投資」ととらえる考え方がありますよね。たとえば、「いい会社」に入るために必要な「投資」。でも、絶対に教育は「投資」なんかじゃありません。

　「投資」とは、リターンを期待してお金をつぎ込むことです。だったら、利益や見返りが得られなかった教育は失敗なのか。子どもは商品ではありません。子どもには教育を受ける権利、幸せになる権利がもとから備わっていて、学校はそのためのインフラなので、「投資」という考え方はまったく相容れないものです。

純子　保護者たちも「投資」という言葉こそ使わないけど、能力を高めれば将来幸せになれると考えて、教育にお金をかけるという風潮は感じます。

山﨑　政府の方針がそういう風潮を生んでいる側面があると思います。経済成長に貢献でき、国家に役に立つ人材育成のための投資という考え方が基本になっていますから。教育施策も、費用対効果が明確でないと予算化できない。その効果を測る物差しが、学力テストの成績とか、こういう教育を施した子どもたちは将来これだけ稼いだ、この政策をとると福祉政策の予算が削れるから経済効果が高い、といったことです。なんでも経済指標にして、それを教育政策の判断にしている。

　それに、日本の場合、高等教育になると個人が私財を投じて行うものという考え方が根強く、家庭でも教育は将来への投資ととらえているから、競争原理が受容されやすい。だから、「勝ち組」「負け組」なんていう言葉が生まれたんです。

純子　日本を離れてずいぶん経って、イギリスで永住権を取ったころ、

日本から来た人にその言葉を聞いてびっくりしました。生きているだけで、いつから勝ったり負けたりするようになったんだろうって（笑）。私が留学する前にはそんな言葉はなかったから、そのころにできた、わりと新しい言葉なのかな。

## 学級数が増えれば教育予算も増える日本の仕組み

**純子** 私は、子ども一人ひとりにていねいな目配りができる環境を整えてほしいという気持ちで少人数学級を求める運動に参加しました。山﨑さんは教員という立場から、どんな経緯で少人数学級実現への取り組みを始められたんですか。

**山﨑** 教育財政を考え始めたことがきっかけです。日本の教育予算の70〜80％は人件費、要するに先生の給料なんです。だから、先生の人数によって教育予算の大半が決まります。では、先生の数はどうやって決まるかというと、日本は外国と違って、1つの学級に1人の先生が付くというシステムなので、学級の数で先生の数が決まります。

このシステムのいいところは、小規模校でも成立することです。つまり学年に1人でも子どもが在籍していたら、必ず学級が1つできて、校長先生1人と担任の先生1人の給料は、国が負担してくれる。おかげでどんな山間地であっても、全国津々浦々、教育の機会均等が保障される

ようになりました。これが生徒１人あたりの教育予算という考え方であれば、小規模校は成り立たなくなります。

　ただ、そうなると今度は一学級の人数が問題になってきます。一学級の生徒数が多いと学級数が減り、先生の数が減るので教育予算を抑えられます。逆に、教育を財政的に充実させようとすると、一学級の生徒数を減らして、学級数を増やせばいいわけです。

**純子**　少人数学級を実現すると、単に教室内の生徒数が減るだけじゃなくて、教育予算を増やすことができるんですね。

**山﨑**　純子さんたちの署名運動は、一クラスの生徒数を減らして教育を手厚くしてほしいという発想から始まりました。私の場合は、いかにすれば学校に先生とお金が増やせるのかを突き詰めていったら、少人数学級にいきついたのです。

**純子**　少人数学級が実現すれば、具体的にどんなよいことがあるでしょうか。

**山﨑**　私は少人数学級が５つの新しい可能性を教育にもたらすと考えています。

　１つめが、最近になって言われていることですが、新型コロナの感染症対策として有効な「三密」でないゆったりとした環境が実現します。

　２つめが、学びの格差の解消。手厚い教育でつまずきを解決できます。

　３つめが、ストレスを抱える子どものケア。落ち着いた雰囲気のなかで、親身にサポートできます。

　４つめは、多様な個性の尊重。インクルーシブ教育などさまざまな教

育ニーズに応えることも含まれます。

　5つめが、対話や体験などを通した子ども主体の学びの実践。

　新型コロナ関連の1つめ以外はこれまでもずっと言われてきたことですが、2つめと3つめも休校明けの子どもたちをケアする意味で改めて注目されました。

## コロナ禍が追い風となった少人数学級をめざす運動

**山﨑**　純子さんが少人数学級を求める署名活動を始められたのも、コロナ禍がきっかけだそうですね。

**純子**　はい。感染対策でクラスの半数ずつ分散登校することになり、教室内の人数が減って、不登校だったのに学校に行けるようになった子が増えたという話をよく聞きました。人数が少なくなったら落ち着くみたいで、いつも教室を飛び出していた子も教室にいられたようです。コロナ禍のおかげで、保護者たちが少人数学級のメリットを実感することになりました。

**山﨑**　全国的にも似たような状況です。2020年春、最初の緊急事態宣言が明けたころから、「少人数学級にしなきゃだめだ」と署名活動などを始める人が自然発生的に増えました。組合や団体の人もいたけれど、普通のお母さんや市民が積極的に動いたのは画期的なことでした。

印象的だったのは、「分散登校のときは大きな声を出さなくてよかった」という先生方の声です。人数が多いと、大声だしたり、整列させたり、細かいルールを決めて言うことを聞かせないと集団が成り立ちません。それが人数が少なくなって、大声を出して管理する必要がなくなったんですね。

**純子**　確かに、私たちだけじゃなくて、あちこちで署名活動が始まりました。

**山﨑**　実は同じ時期に、もうひとつ大きな動きがあったんですよ。2019年から国家政策として推進しているGIGAスクール構想が、コロナ禍でオンライン授業の必要性に迫られて、一気に加速したことです。GIGAスクール構想とは生徒に1人1台のタブレットを持たせて、全国の学校に高速ネットワークを整備し、教育のITC化を図る計画です。

　以前から、民間企業の力を活用して、エデュケーションとテクノロジーを組みあわせた「エドテック」と呼ばれるサービスを展開する方針は打ち出されていました。それがGIGAスクール構想の前倒しに乗じて甘い蜜を吸おうと、企業がワッと押し寄せ、競い合って学校や家庭に期間限定無料でいろんなサービスを提供しはじめました。

**純子**　ICT化の動きに、コロナ禍のリモート授業で拍車がかかったのですね。

**山﨑**　私もICT化は進めるべきだと思っていますが、「エドテック」には教育産業で儲けようという、よこしまな思惑が見え隠れしています。あのとき、ICT一辺倒の教育プランになっていたら、えらいことになっていたでしょうね。

そこへ少人数学級を求める運動が各地で起こったから、文部科学省の方針も軌道修正されました。実際、文部科学省の中央教育審議会の答申を読んでも、経済通産省のほうに引っ張られまくっていた路線が、教育的観点にいくらか戻ってきているのが感じられます。

**純子** そういう意味では、学校が休校になってよかったのかもしれません。親も子も時間ができて、学校のことを改めて考えはじめました。

**山﨑** 強制的に休校にさせられたから、「学校って何だろう？」と、そのありがたさも、おかしさも含めて、先生も保護者も子どもも考えたのでしょう。

行動が制限された状況で署名運動をやろうというアクションが生まれたことは、すごく大きな意味を持っています。少人数学級をめざす取り組みは、一学級の人数を減らすという目的だけではなくて、いまの教育のあり方を見直そうとするさまざまな思いを束ねる力になっていると思います。

**純子** 同じ思いを抱いた各地の人たちと交流しようという話が広がり、山﨑さんとも知り合うことができたのも、そのおかげです。

## いまのままで少子化が進めば、公教育は崩壊する。

**山﨑** 今後の必要な教育施策を私なりに整理してみると、少人数化、小

規模校、正規教員増、教育の無償化、となります。しかし、現実は、い
まのままでは公教育の崩壊は目に見えています。何によって崩壊するか
というと、少子化です。「出生数の長期推移」のグラフを見てください。
少子化が進んでいることは、皆さんご存じだと思いますが、国は高位予
測と低位予測、そしてその中間の中位予測を立てています。実際の推移
がここ数年、低位予測に近づいていっているでしょう。

**純子**　2021年には、コロナ禍の影響でしょうか、一段と減少するみた
いですね。

図表4　出生数の長期推移
　　　　（中位予測より約10年早く、2021年に80万人を下回る見込み）

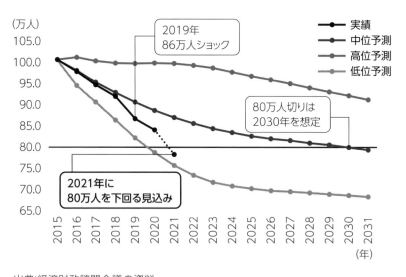

出典:経済財政諮問会議の資料

**山﨑**　急激な少子化で何が起こるかというと、学校がつぶれるんです。私学は経営が成り立たなくなり、学校の統廃合が起こり、先生もクビになります。まず非正規の先生から雇い止めにあうでしょう。

　教育界はもうずいぶん前からわかっているから、私学は進学率を上げたり、スポーツ強豪校を目指したりと、ひたすら生き残り競争に走っています。でもそれでは、誰も勝者にはなれません。

**純子**　大阪でも学校の統廃合がバンバン起こってます。いまのまま競争を続けていては、みんなが不幸になりますよね。

**山﨑**　そもそも、なぜ少子化が進むかというと、はっきりしています。政府のホームページにある「人づくり革命基本構想」によると、「理想の子どもの数を持たない理由」は、毎年「子育てや教育にお金がかかりすぎるから」が断トツトップなんです。要するに、教育予算が少ない。ちゃんと子育てをしていくだけの豊かな環境があれば、みんな子どもを産むはずです。ところが、いまの世の中、結婚もできないし、子どももてない。つくっても3人ほしいけど2人にしておこうとか、2人ほしいけど1人にしておこうということになり、少子化が広がっているわけです。

**純子**　イギリスもだんだん競争が厳しくなってきていて、日本ほどではないですが、私が住んでいたころよりも子どもたちを取り巻く環境は苛酷になっていると聞きます。イギリスではベビーブーマーの子どもたちがベビーブームを起こしているんですが、ベビーブームの起こらない日本ではどこまでもつでしょう？

**山﨑**　財務省は「国家財政が危機だから教育にお金をかけることはでき

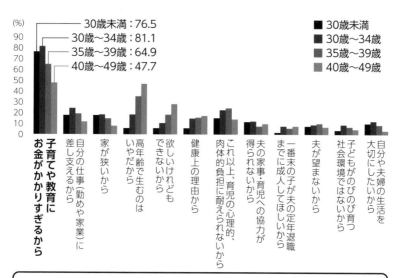

図表5　妻の年齢別に見た、理想の子ども数を持たない理由
　　　　（予定子ども数が理想子ども数を下回る夫婦）

(%)

30歳未満：76.5
30歳～34歳：81.1
35歳～39歳：64.9
40歳～49歳：47.7

■ 30歳未満
■ 30歳～34歳
■ 35歳～39歳
■ 40歳～49歳

90
80
70
60
50
40
30
20
10
0

子育てや教育にお金がかかりすぎるから

自分の仕事（勤めや家業）に差し支えるから

家が狭いから

高年齢で生むのはいやだから

欲しいけれどもできないから

健康上の理由から

これ以上、育児の心理的、肉体的負担に耐えられないから

夫の家事・育児への協力が得られないから

一番末の子が夫の定年退職までに成人してほしいから

夫が望まないから

子どもがのびのび育つ社会環境ではないから

自分や夫婦の生活を大切にしたいから

理想の子ども数を持たない理由（複数回答）について、**30歳未満では76.5%、30～34歳は81.1%**が「**子育てや教育にお金がかかりすぎるから**」と回答している。

※妻が50歳未満である初婚同士の夫婦のうち、
　予定子ども数が理想子ども数を下回る夫婦（約3割）を対象に行った質問（妻が回答者）

出典：国立社会保障・人口問題研究所「第15回出生動向基本調査（夫婦調査）」（2015年）

ない。少子化が進めば教育費を節約できるようになって財政再建が進む」と言っています。論理が逆立ちしていると思いませんか。みんな、お金がかかりすぎるから子どもを産まないのに、教育予算が減れば、ますます子どもを産まなくなってしまうじゃないですか。子孫に借金を残

さないとか言うけど、子孫が生まれてこないのに、誰が払うねん！

**純子** 日本はそんなにお金がないんでしょうか。

**山﨑** いえ、お金の使い道の問題なんですよ。日本の教育への公的支出がGDP（国内総生産）に占める割合は、先進国であるOECD加盟国のなかで最下位クラスです。それをOECD平均にするだけで5兆円くらいのお金が生まれます。計算してみたら30人学級どころか、所得制限を付けている就学援助を中学まで全員に配って、私学助成金を倍額にしても、おつりがくるくらいです。

　実際、深刻な少子化で悩んでいる地域は、給食費や修学旅行費、医療費などを中心に、自治体単位で教育の無償化を始めています。そうしないと人口は増えないし、村落、コミュニティが維持できないという危機感のもとで無償化に踏み切ったんです。

　でも日本自体が限界集落化しているのだから、国全体で取り組まねばなりません。教育に予算を使ってこそ、地域社会が維持・発展し、少子化にもストップがかけられるんです。

**純子** 汗水流して働いて納めた税金なんだから、もっと教育にお金をかけてほしいですよね。

**山﨑** 実は、その財源は身近にあるんですよ。

**純子** ええーっ！　どこにですか？

**山﨑** いま学校の先生は、どんどん減らされているでしょう。教職員の減った数は2021年度は995人だったのですが、2022年度の概算要求を見たら6,000人以上も減らす計画です。このペースで減っていったら、とんでもないことになります。

でも、逆に考えてください。少子化が進むので、いままでと同じ予算さえ確保すれば、増額増員しなくても、維持するだけで教育条件がレベルアップしていくんですよ。

**純子**　先生の人数を学級数で決めるから減るのであって、学級数にとらわれずに、いまの人数を残せばいいんですね。

**山﨑**　そうです。現状の予算を減らさないようにさえすれば、理想的な少人数学級に自然に近づいていきます。

## 私たちがしなければならないことは、競争からおりること

**山﨑**　いま流行のSDGs風にいうと、公教育は持続不可能な方向にどんどん傾いてます。

**純子**　それを防ぐには、私たち何ができるでしょうか?

**山﨑**　1つめは、保護者の皆さんが競争からおりることです。どんどんいすがなくなるいす取り競争には、勝者はありません。たったひとり残った勝者もそれで幸せなんでしょうか?

　少人数学級で一人ひとりの多様な個性に合わせた教育をていねいにやるシステムをつくるためには、自分の子だけ、自分のとこの学校だけ生き残ろうとする考え方をやめて手をつなぐこと。難しいことですが、これができなければ、みんなえらい不幸に落ち込むだけだと思います。

**純子** う〜ん、なかなか、みんな競争からおりられないんじゃないか
な。子どもの能力をもっと伸ばしてやりたいという呪縛から逃れるのは
難しいことだから。でも、いきなり競争からおりることはできなくて
も、「せめて立ち止まって考えてみてください」と呼びかけたいですね。
立ち止まったらみんな「はたして本当にこの競争が子どもたちの幸せに
つながるのか」と気づくと思います。

**山﨑** そうですね。競争に疲れている皆さんには、まずは一息入れてい
ただきたいですね。

**純子** 山﨑さんの話を聞いて、そこはインクルーシブ教育の実現をめざ
す取り組みと同じだと思いました。というのも、障害のある子だけじゃ
なく、すべての子どもたちを受け入れるには、いまある教育の形を根底
から変えないといけない。そのためには、自分の子だけ生き残るとか考
えていたら、絶対に前へ進めないし、これは教育だけの問題ではなく、
社会の問題だと思うんです。

**山﨑** インクルーシブ教育が最も進んでいるといわれているイタリアで
は、もとの教育条件が全然違うんです。イタリアでは普通学級が25人
学級で、小学校低学年は複数担任制です。障害のある子どもが在籍して
いる場合は、20人以下になるうえ、支援の教員が入ります。

　「障害のある子を普通学級で学ばせる」というのは正しいんですけど、
条件を整えずにそんなことをしたら、先生も子どもも不幸になります。
新型コロナで病院が余裕なしのフル稼働となり、医療従事者の使命感で
がんばったものの、最終的に医療崩壊を起こした地域がありました。

　学校もそれと同じで、先生の愛と情熱だけでは支えきれないところま

できています。まず教育条件を整えることが大切で、そのためにはお金が必要です。教育にお金を注ぐことなしに、インクルーシブ教育は実現しません。

**純子**　海外の話を聞くと、インクルーシブ教育以前に、障害のある子どもが生まれたときのケアからして、まったく違いますよね。

**山﨑**　イタリアでは、障害があったり、何らかのハンディキャップがあれば、その子に合わせた個別の教育計画や支援計画が生まれたときから立てられます。フランスの施策で私が感動したのは、障害のある子が生まれてくると、相談にのってくれる人が生まれた瞬間から派遣されることです。

**純子**　日本では10年ぐらい前から出生前診断が始まりましたが、陽性になった子どもはほとんどが堕ろされています。でも、フランスではサポートがしっかりしているからでしょうね、親は安心して産むケースが多いと聞きます。

## 先生と保護者が手をつないでアクションを起こそう！

**純子**　1つめが競争から降りること。では、私たちにできる2つめは何でしょう？

**山﨑**　コロナ禍のもと各地で起こった少人数学級ムーブメントは、国の

路線に影響を与えました。同じように、身近に起こっている理不尽な問題に対して、市民レベルで異議を申し立てる運動を始めることが大事です。理想的な少人数学級は一朝一夕には実現しないでしょうけど、手近なところからアクションを起こすことはできるはずです。それをみんな諦めすぎていませんかね。どうせ無理だと安易に思い込んで、従順になりすぎている印象を受けます。純子さんを見習っていただきたいものです。

**純子** 私は世間知らずだったから、できたのかもしれません。

**山﨑** 私もそうです（笑）。けれど、まずは立ちはだかる現実の問題を変えようと試みることが大切です。先生も保護者も、向いている方向は一緒なんだから、ひとつの目的のために手をつなげばいいのに、なぜそれができないのか、もどかしい。教育にお金をかけようとか、もっと教育を充実させようということに誰も反対しないですよ。ところが、保護者と先生という立場の違いなどで、分断されてしまっているんですよね。

**純子** 手をつなぐ気持ちは十分あるんですけどね。それに、保護者側には"親の賞味期限"という問題もあります。

**山﨑** "親の賞味期限"？（笑）

**純子** 小学校は6年、そのあと中学校が3年。高校生になったら、ほとんどの親は子どもから目を離してしまうから、教育に興味を持って、学校をよくしようと思っても、現役の親の期間って6年か9年しかないんですよ。一緒に運動しているお母さんが「私、賞味期限が切れた」と言ったんです。「もう当事者じゃなくなるから、教育委員会との協議と

かで話をする機会がもらえないかもしれない」って。地域のPTAの重鎮として学校の活動にかかわる人でさえも、学校には入りづらくなってくるといいます。

**山﨑**　なるほど。純子さんも、下のお子さんが5年生だから、賞味期限が迫ってきた感じですか?

**純子**　私は、就学前のお子さんのお母さんともどんどん手をつないで、その子たちの話を聞きに来ましたと言って、いつまでも現役で参加するつもりです。しぶといですよ、私は(笑)。でも、継続的に運動を展開していくうえでは、"親の賞味期限"もネックになります。

　そうなってくると、希望は先生たちです。一生のキャリアを通じて子どもたちと向き合ってくださる方たちだし、全国に何万人といらっしゃるから心強いです。その先生たちを支えるのも、大きく前進する一歩だと考えています。

**山﨑**　先生たちもみんな孤立させられているから、そういうふうに応援してもらえたら、勇気百倍です。

　アメリカのシカゴで起こった教職員組合の労働運動がいい例です。市長が導入しようとした教員評価制度などをめぐり、公立学校教員が大規模な抗議デモやストライキを行ったのです。昔は、教職員組合が労働運動をすることについて、保護者が快く思わず、対立構造にありました。それが、先生方を応援すれば子どもの教育条件もよくなるというとらえ方に変わり、健全な組合活動が進んで、シカゴの教育自体がよくなっていると聞きました。対立して分断されるか、手をつなぐかによって、教育現場や子どもへの影響は正反対に変わってきます。

**純子** あの運動は全世界に波及したんですよね。夫の姉は、当時、子育てしながら大学院に通っていて、昼休みに「いま学校の先生たちのデモを応援中。シカゴでやっているヤツ、知ってるでしょ」とメールがきたんです。ベビーカーを押すお母さんたちや学生、オフィスワーカーなど、まるでパレードでもしているかのような楽しそうなごちゃまぜの大群の写真から、市民が日常感覚で先生方を応援しようとしていることが伝わってきました。

　私たちだって、先生が「助けて」と言ったら応援しますよ。でも日本の先生は「助けて」って言わないんですよね。言ったら処分されると思っているのかな。

**山﨑** 先生たちは、保護者や市民の期待を裏切りたくない、文句を言われたくないと守りに入っているんですよ。ときに、敵のように思えるかもしれないけれど、先生も学校も教育委員会も、子どもたちの幸せのためにがんばっているのだから、ちゃんと向き合えばわかりあえるはずです。純子さんがさっきおっしゃったように、むしろ、保護者や市民の力で先生方を支えてやってほしいと思います。

　昔の教員はインテリで世間一般の人よりモノを知っていたかもしれないけれど、いまは市民一人ひとりの能力が高く、いろんなネットワークを持っていますから、力を合わせれば多彩なアプローチが可能です。先生が教室というタコツボのなかで孤軍奮闘するのではなく、学校や地域の拠点をつなぐ働きをできれば最強ですね。

**純子** なるほど、そうですね！　私も署名活動のとき海外からたくさんの電子署名が短期間で届いて感激しました。昔はなかったインターネッ

トやSNSも味方につけてがんばります。今日は本当に勉強になりました。ありがとうございます。

**山﨑**　こちらこそありがとうございました。お互いがんばりましょう。

**プロフィール**

## 山﨑 洋介さん

　1962年三重県生まれ。奈良教育大学卒業。奈良市の中学校、小学校で35年間教員を務め、退職後、大阪大学大学院で教育制度学を学ぶ。現在、ゆとりある教育を求め全国の教育条件を調べる会事務局長。

　主な著書に『本当の30人学級は実現したのか？』（自治体研究社）、『いま学校に必要なのは人と予算——少人数学級を考える』（新日本出版社）、共著に『もっと！少人数学級——豊かな学びを実現するためのアイデア』（旬報社）など。

対談

4

国連NGO子どもの権利条約総合研究所研究員
**吉永 省三**さん

佐々木サミュエルズ 純子

「子どもの最善の利益」は、
子どもの話を聴くことから

## 「子どもの権利」という新しい概念と視点

**純子**　私はいま、大阪市に対して、「子どもオンブズパーソン制度」や「子どもの権利条例」の導入を働きかける運動を進めています。そこで今日は、全国に先駆けて「川西市子どもの人権オンブズパーソン」を立ち上げられ、現在も「子どもの権利」について研究されている吉永さんに、まず、子どもの権利について、そして「子どもオンブズパーソン」という制度について、おうかがいしたくて、楽しみにしてまいりました。

**吉永**　ようこそお越しくださいました。たしかに、子どもの権利というのは、今とても大切で、今とても必要な視点ですね。この子どもの権利という新しい視点から、私たちの社会を改めて見直してみると、いろんな気づきや発見がありますし、これからの社会をよりよくしていくヒントも、そこから浮かび上がってくると思います。

　まずは、このテーマと向き合う入り口として、私たちは子どもの権利とどのようにして出会ってきたか —— そのあたりから振り返ってみるのがいいかもしれませんね。純子さんは子どもの権利を、どんなことから意識するようになったのですか？

**純子**　私の場合は、ダウン症の長男ジェイミーの就学をきっかけに、いろんな"困り事"を抱えている子どもや保護者をはじめ多くの方と出会い、さまざまなシンポジウムなどで学ばせてもらう機会を持つようになりました。そういった方々やシンポジウムなどを通じて、子どもの権利

という言葉を知って、関心を持つようになりました。

　多くの保護者の方や一般の人たちに、もっと知ってほしいけれど、子どもの権利と聞いてもキョトンとする人のほうがまだまだ多いと感じています。

**吉永**　たしかに。子どもの権利というのは世界的にも20世紀になって生まれた新しい権利概念だといえますし、日本では1951年に児童憲章を制定していますが、子どもの権利という言葉はひとつも出てきません。1989年に国連で採択された子どもの権利条約が1994年に日本でも批准されて、ようやく一般に用いられ始めた言葉だといってよいでしょう。だからいまだに、子どもが子どもの権利なんて口にすると、「そんなこと言う前に、親や先生の言うことをしっかりききなさい」なんて返ってきたり（笑）。

**純子**　私自身、子どものころは、子どもはおとなの言うことをきくのが当たり前で、「権利」なんていう人は、まったくいませんでした。誰もが「おとなの言うことを聞くのが"いい子ども"」だと思っていました。

　学校の授業も先生から一方通行のレクチャー方式だったし、自分の意見を聞かれる習慣のないままおとなになってきたように思います。だから、「子どもとはそういうものだ」と思っている人たちが、いまも少なくはないように感じます。

　子どもの権利が当たり前の世の中になるには、いまの子どもたちが子どもの権利の大切さを学び、きちんと理解できたとしても、その子どもたちがおとなになるまでの、長い時間がかかるんだろうなと思います。そのためにも、私たちおとなががんばらなきゃならないんですけど。

**吉永**　おとなの言うことをきくのが"いい子ども"というのは、別の言葉でいえば、パターナリズムともいえますね。強い立場にある者が弱い立場の者に対して保護を与える代わりに服従を強いる。「保護してやるから服従しろ」という関係です。

　こうしたパターナリスティックな関係は親子にもあるし、男女間にも見られる。また、大国が小国を植民地化したり支配したりする関係にも見られます。そうした関係は古代社会でも見られたでしょうが、それが封建社会の道徳ともなってパターナリズムと呼ばれるようになる。日本語では家父長主義とか父権主義とかいいますね。

　それに対して、子どもの権利というのは近代以降、とくに20世紀になって新たに生まれてきた権利概念ですから、そこにはパターナリズムを乗り越えていこうとする視点があるといってよいでしょう。

　ちなみに、先ほどおっしゃった「子どもの権利が当たり前の世の中」というのも、おとなががんばってそういう社会をつくって、そして子どもたちに与える、というイメージでとらえてしまうと、パターナリズムに陥ってしまうことも考えられます。子どもの権利を大切にする社会は、子どもとともに、子どもの参加を得て、一緒になって取り組むことで、つくりだしていくことができる、というイメージが大切ですね。

　つまり、おとなと子どものパートナーシップの関係、相互的で共同的な主体と主体の関係を、わたしたち自身が子どもとかかわる日々のなかでどう具体化できるか、とともに、それを促進したり支援したりする社会の仕組みを（もちろん子どもの参加を得ながら）どう創出していくか——そのようなテーマとして受け止めることが大切ですね。

## 封建社会の権利概念から抜け出せない社会

**吉永**　もともと権利という概念も歴史的に見ると、パターナリスティックな関係のなかで形づくられてきたといえます。イギリスのマグナ・カルタ（1215年）はそういう権利の憲章ですね。日本でいえば鎌倉幕府以降の「御恩と奉公」の関係。土地の支配権を得る代わりに命を懸けて主人に尽くす義務を負う。権利と義務が交換条件の関係にあるわけです。つまり、権利という概念は、もともとは力があって義務を果たせる「有能」な者にのみ与えられる、特権的なものであったわけです。

　すべての人に人間としての権利がある ── という見方や考え方、これは今では日本国憲法の精神ともなっていますが、そういう価値観が生まれてくるのは、近代になってのことです。つまり18世紀、ルソーらの思想を通して「権利」の概念が大きく変わってくるわけです。

**純子**　はい、学校の社会の時間に習いました。「人間は生まれながらにして自由・平等の権利を持つ」という、フランス革命にも影響を与えた人権思想ですね。

**吉永**　そうですね。いま人権思想とおっしゃいましたが、「権利」と「人権」という、この2つの概念はよく似ていますが、じつは歴史的な成り立ちが違うんですね。

　今もお話ししたように、「権利（right）」という概念は、中世の封建社会で特権階級が自分たちの正当性（right）を主張することから形成されてきたわけです。それに対して「人権」すなわちヒューマン・ラ

イツ（human rights）という概念は、近代になって起こってきたものです。当時のヨーロッパではもっぱら「自然権」といわれていて、人間であれば、だれもが差別なく、自由に平等に、人間として生きる正当性（right）を持っている、という理念です。

　この「人権」の登場によって、「権利」という概念の意味が新たに更新されていきます。つまり、すべての人の人権を保障するために、法律で定められたものが権利だ、と。そこから、人権は人間社会のもっとも基本となる道徳的権利、そして権利はそのための法的権利だと、簡単にいえばそんな違いをとらえることができます。

**純子**　近代という社会では、「権利」が封建時代のように特定の人々の特権じゃなくなり、誰でも行使できるようになった、ということですか？

**吉永**　はい、そのようにもいえるでしょうね。大事なことは、封建社会的な権利概念は「有能性」を前提とする特権的な概念でしたが、近代以降の市民社会的な権利概念は「有能性」を前提としない、むしろ人間を「有能」と「無能」に分ける二分法を乗り越えていこうとする概念だということです。人権という普遍的な価値をすべての人に実現していく法、それが権利なのです。

**純子**　つまり、すべての人の人権を保障するために必要な権利が、法律によって定められるようになったわけですね。

**吉永**　そうですね。ただし、見過ごしてはならないのは、その「人間」という枠組みから、排除されてきた多様な人々が存在してきたし、今も存在しているという事実です。

　18世紀以降の近代になっても、欧米社会は、有色人種を「人間」という枠組みから排除してきましたし、また何らかの障害がある人、そして女性や子どもたちも、その枠組みの外に置かれてきました。近代になっても「人間」という枠組みに入れてもらえないから、その人たちの人権を保障する法律つまり権利もなかったわけです。日本でも、戦争に負けるまでは女性の選挙権が認められてこなかったのも、そういう例のひとつです。

　18世紀に人権思想が起こってきたけれど、すぐに万人を包摂するものとはならなかったということです。それは当事者たちの人間としての扱いを求める運動や闘いによって、少しずつ勝ち取られ形成されてきたということですね。それは今も続いているわけです。子どもの権利も、そのような歴史的な文脈からとらえることが必要ですね。

**純子**　人権や権利を受け止めるには、歴史的な視点がとても大切だということがわかりました。たしかに、「人間として」というところが重要ですね。

**吉永**　誰もが人間として尊重されたい、人間として生きたいと願っています。そのような万人の人間解放の願いに根差して、近代の人権思想と、そのための権利の概念が生まれてきたわけです。そして今、それらを子どもにも適用しようというのが、子どもの権利です。

　ところが、子どもが子どもの権利を主張すると、「お前にそんな権利を主張する資格があるのか」みたいなことを言われたりもします。これは女性の権利や障害者の権利でも似たことが指摘できるでしょう。けれどそのように「権利を主張する資格」なんていう人は、封建社会の前時

代的な「権利」をおっしゃっているわけです。

**純子** 子どもの権利は、女性の権利や障害者の権利とともに、まだ道半ばにある、ということですね。私たちの社会は、いまだに封建社会の権利概念から抜け切れていないところがあるのでしょうか?

**吉永** そのようですね。一方でね、そのような人でも「子どもの人権は大切です」と訴えると、あまり反対する人はいません。おそらく「子どもを守ってやる」というおとな側の、それこそパターナリスティックな「道徳」として「人権」が理解されているのでしょうね。けれどそこには「だから言うことをきけ。服従しろ」という、子どもに押し付ける「道徳」も、しばしば含まれているわけです。

　「子どもの人権」といえば「とても大事ですよね」と応じるのに、「だから子どもの権利が大切ですね」とはつながりにくい。ということは、私たちの社会は、いまだに封建社会的な権利概念、つまりパターナリズムの道徳観念から抜け出せてはいない、そういう気がしますね。

**純子** 確かに、子どもの権利を口にしたとたん、身がまえるというか、その場に妙な空気が漂うことがあります。「いったい何を怖がっているんだろう」とずっと不思議に思っていました。

**吉永** 端的にいえば、心のどこかでパターナリズムの崩壊を恐れているからでしょう。つまり、封建社会的な権利概念のほうが、子どもに対するおとなの、女性に対する男性の、「障害者」に対する「健常者」の、いわば「有能性」や「優位性」が維持できそうで、そういう秩序に安住していたいという意識から抜け出せない、そんなふうにもいえますね。

**純子** 本当にそうですよね! すっと落ちました。

## 子どもの権利との出会い ― 80年代の中学校の現場で

**純子** 吉永さんのご専門は教育学で、なかでも子どもの権利論だとお伺いしていますが、そもそも吉永さんは子どもの権利と、どこでどのようにして出会われたんでしょうか？

**吉永** 私は1977年に中学校の教員になって17年間務めましたが、今振り返ると、学校現場での子どもたちとの出会いが、子どもの権利との出会いだったなと思います。

　とくに1980年代前半は「教育荒廃」とか「学校荒廃」とか、また「子どもの荒れ」ともいわれて、全国的に学校が、いわゆる"生徒指導上の問題"で相当な困難に陥った時代です。文部省が「いじめ」の定義をつくって初めて調査したのが1985年ですが、いじめ問題の背景には「荒れ」があったわけです。そして80年代後半になると「登校拒否」、今では「不登校」といいますが、これが社会問題化してきます。

　現在も学校はさまざまな課題を抱える現実にありますが、かつての80年代の子どもをめぐる状況には、現在にも生かしうる教訓が少なくありません。端的に言えば、「子どもの荒れ」を子どもの叫びや訴え、あるいはSOSと受け止めるか、はたまた学校の規律に服さない「非行」や「問題行動」として管理統制をいっそう強化しなければと考えるか。前者か、後者か。これは今も問われている大きな課題だといえます。

**純子** 「いじめ問題」も「不登校問題」も、いまも学校教育の大きな課

題となっていますが、よく考えれば、80年代からずっと、もう40年以上も続いている課題なんですよね。

**吉永**　そうなんです。それだけに、80年代を今振り返る意味は決して小さくないわけです。私は80年代前半当時、「非行」や「問題行動」に対処するいわゆる生徒指導担当教員で、当初はどちらかというと後者に近い教員だったかもしれません。「管理統制を強化しなければならない」とまでは思わないけれど、多くの教員がそうだったように「子どもを指導する」というのは「子どもに言うことをきかせる」ことだと思っていましたから。

　けれど、子どもらの「荒れ」が対教師暴力にも及ぶなどしてエスカレートしていくなかでは、そのようなパターナリスティックな教員のありようは、もはや成り立たなくなってしまいます。私はそれを経験しました。荒れる子どもとの「リアルな出会い」があったわけです。

　そこでは、子どもの話を聴く、子どもの叫びや訴え、SOSを、ただ受け止めようとする、それしかできませんでした。荒れた学校現場ではそれしかできなかったし、今思えばそれこそが大切だったわけです。そうするなかで、自ら発達する主体として子どもを受け止める、子どもを権利の主体として受け止める、そんな出会いになったわけです。

　ですから正直にいえば、私は子どもの権利という崇高な理念からではなく、現場の教員としてなす術がなくて、その結果として、子どもの権利と出会うことになった、ということですね。

**純子**　高校時代の恩師に同窓会で会ったときにも同じような話を聞きました。私たちが卒業したあと、その先生は別の工業高校に転任されたん

ですね。そこがものすごく荒れた高校で、階段は手すりがはぎ取られて いるし、休み時間に工具を投げて遊ぶので、黒板もボコボコで字が書け ないほど。校舎の脇に白いものが積もっていたので、「県北にくると雪 深いなあ」と思いながら近づいていったら、タバコの吸い殻の山だった とか（笑）。

**吉永** よくわかります。私の体験にも通じますね。そんな先生には親し みを感じてしまいますが（笑）。で、先生はどうされたんですか？

**純子** とても押さえつけることはできないから、話を聴くしかなかった と、吉永さんと同じことをおっしゃっていました。

　「おとなたちは僕らのことを鼻つまみにする。そういう目線が許せな い。だから悪いことをしてやる」と言うので、力づくの管理ではダメ だと思い、学校・保護者・子どもが意見を交換できるようにしたそうで す。そして、しまいには地元の商工会の人に入ってもらって子どもの声 を聞く話し合いの場を持たれました。そうすることで、次第に荒れた状 態が収まっていったとおっしゃっていました。

**吉永** なるほど。学校教育、とりわけ生徒指導という機能は、相当にパ ターナリスティックなんですね。「教師の言うことをきくなら話を聞い てやる」。教師に服従しないなら学校に来るなということです。それは 教師が子どもを管理統制できる力関係にあるときに成り立ちますが、子 どもが荒れに荒れてくると成り立ちません。警察を導入しようなどとい う議論もありますが、それは教育の敗北ともいえるでしょう。

　そこで良心的な教員ならば、改めて気づくのは、子どもを単に管理や 統制の対象、服従させるべき客体と見ることの愚かさです。そこからは

本当の教育実践は生まれてきません。私にとっても、荒れる子どもとの
リアルな出会いは、ただ子どもの声に耳を傾ける、子どもの話を聴く、
そのもっとも根本的な教育実践の意味に気づかされる体験でした。

　管理統制の手段としてではなく、人間としてのリスペクトを持って、
子どもの話を聴く、いいかえれば子どもの発達に寄り添う、ということ
ですね。そこから学校は、子どもたちの参加によって蘇生し、再生して
いきます。現に私はそういう学校の再生を体験してきました。

## 子どもオンブズパーソン制度の 創設へと向かう道筋

**純子**　そのようにして中学校の現場で教員をなさった吉永さんは、その
後、1994年に市教委に入られて、「川西市子どもの人権オンブズパーソ
ン」の創設にかかわられました。今お聞きしてよくわかりましたが、中
学校の現場での子どもの権利との出会いが、子どもオンブズパーソンの
創設につながっていった、ということですね。

**吉永**　まさに、おっしゃるとおりです。私が川西市教委に入った1994
年は、子どもの権利条約が日本で批准・発効した年です。しかし、それ
とは裏腹に、その年の11月には愛知県西尾市での「いじめ自殺」事件
がありました。亡くなった子どもの日記などから「いじめ」被害の事実
がかなり詳細に報道され、全国に強い衝撃が走りました。

12月には文部省いじめ対策緊急会議の緊急アピールが出されました。6項目からなるものですが、要するに「学校はしっかりしろ」「家庭はしっかりしろ」「子どもに毅然として当たれ」といった内容でした。その年の春にはすでに子どもの権利条約が批准されて発効しているのに、そこには子どもの権利の視点は、まったく見出せませんでした。いささか驚きました。

**純子**　中学校の現場で子どもの話を聴くことの大切さを体験されて、子どもの権利と出会ってこられた吉永さんが、市教委に入られて、今度は教育委員会事務局の一員として、そこで改めて出会ったのが「いじめ問題」だったわけですね。そこから子どもオンブズパーソン創設へと、どのようにつながっていったのでしょうか？

**吉永**　まず、こんな緊急アピールでは、どうしようもないなと思いました。同じように感じた人は少なくなかったようです。当時の教育委員の皆さんも同じだったと思います。教育委員長が「いじめ問題」をテーマに教育委員会協議会を開こうと呼びかけられて、年明けの仕事始めの日、午後半日をかけて議論したのを覚えています。

　私はそこで、いじめ問題を学校の規律やそのための子どもに対する管理統制の問題、いわゆる"生徒指導上の問題"としてではなく、あくまで、子どもの人権を保障するための課題として、子どもの権利条約に基づく取り組みとして位置づけてほしいと、強く訴えました。もちろん学校現場での経験が、私をしてそのように発言させたわけです。

**純子**　それで、どうなったのでしょう？

**吉永**　私の提起は、教育委員会の方針として確認されました。その直後

に阪神・淡路大震災もありましたが、そうしたことも乗り越えながら、新年度には「子どもの人権と教育」検討委員会という外部有識者と市教委指導主事による検討委員会が立ちあがりました。私が事務局を担当して、子どもの意見表明を受け止めるために小中学生対象の「子どもの実感調査」を実施するなどして、10月には提言をまとめました。

　提言は「一人ひとりの子どもの人権を真に尊重する学校づくりのために」との柱で10項目、「家庭や地域社会の連携と相互支援を推進するために」として6項目、「子どもの人権確立のために必要な教育委員会の取り組み」で10項目、都合26項目です。3つ目の柱の10番目で述べられたのが、子どもオンブズマン制度の創設でした。

**純子**　その提言が出されたのが1995年の10月。子どもオンブズパーソン制度を設置する条例はたしか1998年12月に制定されて、翌年1999年4月に創設されたので、5年がかりだったのですね。

**吉永**　そうですね。なにしろ日本で最初の制度ですから、子どもオンブズパーソン制度とともに、子どもの権利条約についても研究が必要でした。さらにそれらを学校や市民、行政や議会に理解してもらうには、相当な努力と時間が必要でした。そういう意味では、当時の教育委員長や教育長、教育委員の皆さん、そして市長は、子どもと子どもの権利について、かなり見識の高い方々だったということです。そうした皆さんの理解がなければ、子どもオンブズパーソン制度はできていなかったでしょうね。

**純子**　当時の川西市の市長さんや教育委員会が、子どもと子どもの権利について、積極的な理解や認識があったわけですね。

**吉永** そうなんです。いじめ問題であれ児童虐待の問題であれ、その場限りの対症療法では解決にはならないという認識は、当時の関係者の皆さんには共通してありました。では抜本的に解決していくには、どうすればよいのか。何が必要なのか。そこが議論となりました。

　そして、まず必要なことは、子どもの権利条約の原則に立ちきることだ、と。この理解と認識を共有することがもっとも重要です。「子どもの最善の利益」を第一に考慮する（第3条）、そのためには子どもの意見を聴いて尊重する（第12条）、という原則です。子どもの権利を基盤とするアプローチです。これは単なる理想や理念ではなく、実践するべき原則なのです。だから、この原則を具体化していく、その要となる仕組みが必要となります。それが子どもオンブズパーソン制度です。

　このような、子どもの権利条約に対する積極的な理解と認識が関係者に共有されていくなかで、制度化が可能となりました。

**純子** これから子どもオンブズパーソン制度を自治体でつくっていくには、子どもの権利条約に対する積極的な理解と認識が、とりわけ市長や教育委員会に求められるということですね。

## 「子どもオンブズパーソン」ってどんな制度ですか？

**純子** 子どもオンブズパーソンは、もともと日本にはなかった制度なの

で、一般にはなかなかイメージしにくいところがあります。改めてどんな制度なのでしょうか？

　それと、行政をチェックする「市民オンブズマン」は民間の組織だと思うんですが、子どもオンブズパーソンは公的な第三者機関ですよね。行政チェックのオンブズマンと、子どもオンブズパーソンとは、どう違うんですか？

**吉永**　オンブズマンの起源は北欧にあります。オンブズマンというのは「代理人」という意味です。18世紀のスウェーデンで国王の代理人として行政を監視するオンブズマンが置かれたのが始まりです。その後、立憲君主制に移行して民主政治が根付いていくなかで、オンブズマンは「市民の代理人」となり、行政機関を監視する公的第三者機関となります。それを「一般オンブズマン」といいますが、ちなみに日本で一般にいう「市民オンブズマン」はその機能を市民運動が担おうとするものですね。ただし神奈川県の川崎市などは、市の第三者機関として「市民オンブズマン」を設置しています。

　北欧ではさらにそこから、兵役とか女性の権利とか、さまざまな問題に特化して市民の権利を守る「特殊オンブズマン」が公的に設置されるようになります。そのひとつとして1980年代からスウェーデンやノルウェーで国家任命の「子どもオンブズマン」が設置されます。子どもの権利の擁護者、代弁者、公的良心の喚起者として国の法律で位置づけられます。

　子どもオンブズマンの場合、「子どもの代理人」ではなく「子どもの代弁者」と位置づけられているのが重要な特質です。これが世界に伝播

していくなかで、アメリカなどではジェンダーフリーの観点から「オンブズパーソン」という呼称も生まれてきます。ただし、もともとのスカンジナビア語のオンブズマンは女性をも含む言葉です。

**純子**　その子どもオンブズパーソンが子どもの権利条約と、どのようにつながってくるのでしょうか？

**吉永**　そこが大切なところです。スウェーデンは1970年代、すでに福祉・教育では世界トップ水準を達成したといわれていました。にもかかわらず、子どもにかかわるさまざまな状況、たとえば学校での子どもの反抗的態度だとか、家庭での親子関係の困難さだとか —— 80年代になって日本でも顕現してくる問題ですが ——、それらが社会問題化していて、「子どもに最善のものを与える」と宣言した1959年の「国連子どもの権利宣言」は具体化できていない、どうするのか、と議論が起こります。

　教育も福祉も世界最高水準を達成しているのに、これ以上に何ができるのか、という議論ですね。これについての同国の報告書を読むと、「おとなが子どもに対してできることで残されている最後のことは」とあって、「それは、おとなから子どもに歩み寄って、子どもの話を聴くことだ」と述べています。つまり、おとなたちの公的・社会的な責任として、子どもの話を聴く、そのためには「子どもの最善の利益」のみに関心を持つ、子どもオンブズマンが必要だ、という結論に至ります。

**純子**　先ほど吉永さんの学校現場での経験として話されていた、1980年代の日本の様子と、なんだか似通ったところがありますね。とくに「子どもの話を聴くしかない」というところ。

吉永　そのとおりです。私はこのスウェーデンの報告書を市教委に入っ
たころに読んで、とても共感しました。私が学校現場で荒れる子どもた
ちと出会って「子どもの話を聴くしかない」と子どもたちと向き合い、
そこから再生への道が開かれていった、その私の経験に通じることが述
べられていたわけです。とても心強く感じました。

　それで、子どもオンブズマンの創設を「子どもの人権と教育」検討委
員会の提言に盛り込むことを提案したわけです。

純子　「子どもの最善の利益だけに関心を持って子どもの話を聴く」。こ
れが子どもオンブズパーソン制度の重要な本質だということがよくわか
りました。

　そして、北欧の経験では、その背景に1959年の国連子どもの権利宣
言があったということですね。さらに、それが子どもの権利条約につな
がっていくわけですが、そこをもう少し聞かせてください。

## ２つの子どもの権利宣言が条約となっていく過程

吉永　子どもの権利が国際社会の公的な言葉として用いられたのは、
1924年に当時の国際連盟が採択した「ジュネーブ子どもの権利宣言」
が最初です。その後1959年に「国連子どもの権利宣言」が採択されて
います。両者が共通して述べているキーワードは「人類は子どもに最善

のものを与える義務を負う」というものです。

　前者は第一次世界大戦後に、後者は第二次世界大戦後に採択されていることからもわかるように、そこでいう「子どもの最善」とは、子どもたちを戦争や災害から守り、衣食住を提供することでした。つまり、2つの宣言がいう子どもの権利は、戦争や災害から「保護（protection）される権利」、そして生存と発達に必要な衣食住を「付与（provision）される権利」です。いずれも子どもには生存し発達する権利があるという、18世紀にルソーが『エミール』で明らかにした子どもの発達権が前提となっています。

**純子**　なるほど。20世紀になって、子どもには「守られる権利」と「与えられる権利」があるということが、国際社会で確認されたということですね。その前提には、子どもの生存権や発達権があったと。

**吉永**　そうですね。おとなたちが引き起こしてしまった世界戦争という大きな不幸、大きな悲劇、その経験のなかから子どもの権利が生まれてきたわけです。そうした成り立ちを見ると、子どもの権利は人類社会の平和と生存に不可欠な精神、普遍的価値だと、改めて思います。

　ただ、保護を受ける権利、付与を受ける権利は、いずれも子どもにとっては受動の権利です。だから、子どもの権利というより、むしろ「おとなの義務」を宣言したものだとの見方も当時からありました。子どもをもっぱら保護の対象としてのみとらえているのではないか、というやや批判的な見方ですが、当時としては非常に先進的な視点です。

　そのような、子どもを一方的に保護の対象とみなしてもっぱらおとなの義務と責任を強調する子ども観を「保護の児童観」といいます。2つ

の宣言はそうした子ども観の上に成り立っていたともいえます。とすれば、そこには「保護してあげるんだから言うこときききなさい」という例のパターナリスティックな、おとなの子どもに対する関係性が潜在しているともいえるわけです。

**純子**　2つの子どもの権利宣言は、子どもに権利があることを国際社会が宣言して確立した点で大きな意義があるけれど、まだパターナリズムからは抜け切れていなかったのではないか、ということですか？

**吉永**　たしかに、そのように見ることもできますね。2つの宣言は子どもの権利が形成されていく歴史の過程にあったということです。つまり、おとなの子どもに対する義務や責任を突き詰めていく歴史的な努力のなかから「子どもの権利」が見出されてきたわけですが、そうして生まれてきた「子どもの権利」は、おとなの子どもに対するパターナリスティックな関係性をも問う質を持っていたということです。その問いが現在の私たちにも引き継がれているということです。現に北欧では1959年の国連子どもの権利宣言を振り返る議論を通して、その問いに取り組み、国家任命の子どもオンブズマンが誕生したわけですから。

　同じような議論が、じつは1979年の国際児童年をきっかけに国連でも進められます。つまり、国際社会は子どもの権利宣言を発して20年がたったが「子どもの最善」を実現できたのか —— という議論ですね。

　その前年には子どもの権利宣言を条約にしようと提案する国もありました。ポーランドです。二度の世界戦争で数百万人に及ぶもっとも多くの子どもの犠牲者を出した国だとされています。そのなかには子どもた

ちと運命をともにしたヤヌシュ・コルチャック（1878〜1942年）もいました。

　このようにして、子どもの権利の宣言を振り返るなかから、子どもの権利を条約にしていくための国際社会の議論が始まります。

**純子**　コルチャック先生については、映画にもなっていますよね（アンジェイ・ワイダ監督の映画『コルチャック先生』）。小児科医で、児童文学作家で、孤児院の院長として子どもたちと寝食をともにしていた。そこへナチス・ドイツが侵攻してきて、自分ひとりなら助かることもできたのに、その救いの手を拒んで、子どもたちに最期まで寄り添うことを選んで、運命をともにした、という方ですね。

**吉永**　そうですね。コルチャックは、ワルシャワで学生時代の若いころから貧しい子どもたちを支援する活動を一貫して続けてきた人です。しかし1942年に200人あまりの子どもたちとともにトレブリンカ絶滅収容所のガス室で殺されます。が、彼の子ども観、子どもの権利観は、その歴史的事実の重みをもって、子どもの権利の条約化の検討過程に大きな影響を及ぼします。

　そういうことからも、ポーランドの提案は、子どもの権利を単に理念的な道徳としての人権にとどめることなく、それを子どもに保障するための法的効力を持つ権利、実際に使うことのできる権利にしようという提案だったと理解できます。こうしたことからも、コルチャックは「子どもの権利条約の精神の父」と呼ばれています。

**純子**　宣言を条約にするということは、そのような意味があるのですね。単なる理念ではなく、法的な効力を持つ権利となる、と。

**吉永** そうです。宣言では基本的な考え方などを表明しますが、法的な拘束力は持ちません。条約は法的な拘束力を持ちます。つまり子どもは、人間として生きるために必要な法的権利を持つ、その権利を実際に行使する主体となる、ということです。

　当然、これを批准した国は、子どもの権利を法的に保障する義務を負うわけです。国際条約は、締約国では基本法的性格を持つものです。ただ、日本では1994年に批准・発効していますが、締約国としての義務を十分に果たしてきたかどうか ── 問われるところではあります。

> ## 「子どもの最善の利益」をめざして
> ## ― 国連の議論とコルチャック先生

**純子** それにしても、1979年に国連で子どもの権利宣言を振り返る議論が始まって、1989年に子どもの権利条約が採択されるまで、10年もかかっているのはどうしてなんでしょう？　やっぱり意見の違いや対立が、国際社会にはいろいろとあったのでしょうか？

**吉永** まず、この10年に及ぶ議論では、何が主要なテーマとなったのかということですね。20年前の宣言はジュネーブ宣言と同様に「人類は子どもに最善のものを与える義務を負う」と掲げていました。国際社会はすでに2回、同じことを宣言してきたわけですね。けれど、いまだに実現できていない。ではどうすれば「子どもの最善」を実現できるの

か。これが1979年に始まる議論のテーマとなります。

　単なる宣言ではなく、法的な拘束力を持つ条約にするわけですから、「子どもに最善のものを与える」ためには、法的な手続きや仕組みとして、国家はどのような義務や役割を負うのか、では家族はどうするのか、そんな検討が必要です。そもそも「子どもの最善」とは、だれがどのようにして判断するのか。国家か、家族か、という問題もそこには含まれてきます。

**純子**　なるほど、条約というのは、理念を宣言するだけでは成り立たないわけですね。

**吉永**　そうです。いいかえれば、子どもの人権という道徳的なレベルの理想を実現するために、子どもの権利を法的に有効なものとして位置づける。つまりは、子ども自身が当事者として行使できる権利にしていくということが、条約化だともいえます。

　そのための検討を進めていくなかで、子ども観をめぐる東西の意見の違いが浮かび上がってきます。1979年というのは、まだ東西冷戦の時代です。東側の社会主義諸国は、国家が家族に介入してでも子どもに最善を、となるし、西側諸国は家族の主体性を尊重する伝統があって、国家の介入は抑制的であるべきと考える。

　けれどそのうちに、1989年のベルリンの壁の崩壊に象徴されるように、子どもに対する国家の役割や責任を強調していた東側諸国は、国家自体が崩壊へと向かっていきます。他方で西側諸国だって、家族のあり方は大きく変容していきますし、市民社会も大きな変化のなかにあったわけです。

つまり、「子どもの最善」を実現していくには、そもそも何が「子ども
もの最善」なのかを判断しなければならないけれど、それは国家だけで
も担えないし、家族だけでも担えない。おとなたちだけで判断できるも
のではないということですね。となれば「子どもの最善」の当事者であ
る子ども自身に話を聴かないと「子どもの最善」は見えてこない、子ど
もの意見表明を尊重しなければ、と。新たな視点が生まれてきます。

**純子**　それはさっきお話しされていた、スウェーデンなど北欧で子ども
オンブズマンが創設されていくまでの議論にも通じますね。ということ
は、吉永さんの中学校現場での経験とも重なってきます。

**吉永**　そういうことですね。おとなが子どもの話を聴く、子どもの意見
を尊重する。それがなければ「子どもの最善」には向かえない。おとな
だけで「子どもの最善」を考えることはできない、ということです。

　国連の10年に及ぶ議論を通して、そのような視点が国際社会で共有
されていくわけですが、そこでは改めてコルチャックの思想と実践の歴
史的な意義が、受け止められていったといえますね。

**純子**　国連の検討過程を通して、コルチャック先生の子ども観や子ども
の権利観が条約の精神ともなっていった、ということですか？

**吉永**　そういうことですね。コルチャックが私たちに遺してくれた言葉
を改めて読み直し、たどっていくと子どもの権利条約に行き着く、と。
そんなふうにもいえます。少し紹介しましょう。

　コルチャック先生はこう述べています。「子どもはだんだんと人間に
なっていくのではなく、すでに人間です」。だから「子どもは未来に生
きる存在ではなく、今、今日、現在を生きる存在です」。けれど「おと

なは子どもに、明日の人間という負担を強い、今日を生きる人間の権利を与えない」。コルチャック先生は憤ります。そして「子どもは自分の悲しみに対して、自分の望みに対して、質問に対しても、尊重を求める権利を持っている」と訴えます。さらに子どもには「秘密を持つ権利」および「知っていますが言えませんという権利」があるとも述べています。こうやって「子どものなかに人間を見る」と記しています※。

いずれも子どもたちと直接かかわる実践のなかで培われた言葉です。それだけに今も私たちに迫ってきます。子どもを「人間」として受け止め、その人間としての権利を実際に保障するために、子どもの権利を主張したのです。だから、子どもの権利は、単に「付与を受ける権利」や「保護を受ける権利」にとどまるものではありません。

「子どもはすでに人間です」。まずこのことをしっかりと受け止めて、「今日を生きる人間の権利」として、悲しみに対して、望みに対して、質問に対しても、人間として尊重される権利が、子どもに保障されねばならない、と。これはまさに、子どもの権利条約の第12条に位置づけられた「子どもの意見表明と参加の権利」ですね。もちろん、その「意見（views）」とは、子どもの気持ちや思い、心情をも含むものです。

**純子** コルチャック先生が「子どもの権利条約の精神の父」といわれる意味が、よくわかりました。彼の思想と実践が、死後半世紀近くもたって「子どもの権利条約」の精神となって蘇ったのってすごいことです。

---

※ ここに引用のコルチャックの言葉は日本におけるコルチャック研究の第一人者・塚本智宏さんの著書『コルチャックと「子どもの権利」の源流』（2019.子どもの未来社）などに詳しい。

**吉永**　コルチャックの前には、彼が尊敬していたペスタロッチのような実践者がいましたし、そのペスタロッチに大きな影響を与えたのは、「子ども発見の書」といわれるルソーの『エミール』です。そういう歴史的な文脈をたどっていくと、「子どもの権利」の起源は、18世紀の人権思想にまでさかのぼれます。

**純子**　なるほど。18世紀の人権思想から始まる歴史のひとつの到達点が、1989年の「子どもの権利条約」だと。そして、この条約によって、子どもの意見表明と参加の権利が、新しい子どもの権利として確立された。

**吉永**　ええ、そうですね。別の言い方をすると、18世紀のルソーに見られるような「子どもの発見」が、20世紀末になって「子どもの権利の発見」へと到達したともいえます。とすれば、子どもの権利条約の成立は、じつのところ「子どもの再発見」なんだともいえますね。

　そのように歴史的な文脈から、私たちの現在、子どもをめぐる私たちの社会の現状を、改めてとらえ直すことが必要だし、大切ですね。その際の重要な視点と手がかりが、子どもの権利条約だということです。

## 「子どもの最善の利益」と 子どもの意見表明・参加の権利

**純子**　私たちがこれから子どもの権利条約を役立てていくために、この

条約がそれまでの権利宣言とはどう違うのか。この条約の特質といいますか、そのあたり、おさらいの意味で、もう少しお聞かせください。

**吉永** そうですね。大切なところですね。

　まず、国際社会の10年に及ぶ議論のなかから、新しい子どもの権利が生まれてきました。「参加（participation）する権利」です。それまでの「付与（provision）を受ける権利」「保護（protection）を受ける権利」に加えて、「3つ目のP」ともいわれ、子どもの当事者としての主体を明確に受け止めるものです。

　つまり、おとなが「子どもの最善」という場合、その当事者は子どもであって、子どもの主体を大切にする、尊重する、ということです。これが子どもの権利条約では第12条に「子どもの意見表明の権利」として位置づけられました。付与と保護の受動的な権利に加えて、参加という能動的な権利が新たに位置づけられました。これによって子どもは、権利の全面的主体として位置づけられたのです。ここが子どもの権利条約の重要な特質です。

　また、それまでの権利宣言が掲げてきた「子どもの最善」は、子どもの権利条約の第3条に「子どもの最善の利益」として位置づけられました。1959年の宣言では、「子どもの最善の利益」は、親や教師が子どもを指導する際、また法律を制定する際に考慮すべき原則とされていました。それが権利条約では「子どもにかかわるすべての活動において」公私にかかわらず、子どもの最善の利益が第一に考慮される、と、より普遍的な原則として、つまり子どもの権利として、位置づけられました。

　そして、もっとも重要なことは、「子どもの最善の利益」を実現する

ためには、子どもの意見表明権（参加権）の尊重が必要かつ不可欠であると、国連子どもの権利委員会が明確に位置づけたことです。つまり、第12条の積極的な尊重を通して、第3条を実現していくという、子どもの権利基盤アプローチが確認されました。

　私たちの個々の子どもとの関係性においても、国や自治体、社会の仕組みやありかたとしても、このアプローチを具体化し、「子どもの最善」を実現していこうというわけです。これが子どもの権利条約のもっとも重要な特質であり、２つの宣言を経た歴史的到達点だといえます。

**純子**　国連子どもの権利宣言から国連子どもの権利条約へと変わったことは、名称がただ「宣言」から「条約」になったわけではなく、また、法的な拘束力がついただけでもなく、子どもが権利の全面的な主体になったことが、とても大きな進歩ですね。

　子どもたちに「あなたたちが主役なんだから、自分の意見を主張していいんだよ」と伝えたい。子どもたちが家に帰って、お父さん、お母さんにもそれを伝えてくれたら、子どもの権利の理解がもっと広がるはずです。

**吉永**　おっしゃるとおり、２つの宣言の限界を乗り越えるための新たな権利として、子どもの意見表明・参加の権利が確立されたことは、とても大きなことです。

　それは同時に、封建社会的なパターナリズムや「保護の児童観」を乗り越えていこうという、次の新たな課題を提示するものでもあります。具体的な取り組みとしては、私たち自身の子どもとの関係を子どもの権利を基盤とするパートナーシップの関係へ、新たに創りなおしていくこ

とを求めるものでもあるわけですね。

**純子** おとなが子どものためによかれと思うことが、子どもにとって最善とは限らないから、ちゃんと子どもの意見を聴いて、それを尊重しなければいけない、そういう新しい「おとなと子どもの関係」ですね。

**吉永** はい、おっしゃるとおり、新しい子どもとおとなの関係を子どもの権利条約は私たちに求めています。

その際、「子どもの意見を尊重する」とはどういうことか。改めて考えていくことが、とても大切です。それは子どもの言うことは何でも受け入れるというような、短絡的なことでは決してないんですね。

子どもの主張を受け入れるか受け入れないか、ということよりもむしろ、子どもとおとなの関係性に目を向けるべきだということです。おとなが子どもの話を聴くという関係のなかで、その両者において、互いを人間的主体として尊重し合う関係を創っていく、ということですね。

一方だけが主体で、他方はそれに従う客体、というようなパターーナリズムの関係性ではなくて、どちらもが、相互的で共同的な主体としてリスペクトしあい、尊重し合える、そんな関係を子どもとおとなの新しい関係性として、条約は提起しているといえます。

その意味では、私たちは子どもとのコミュニケーションのなかで、子どもの意見表明にある、その気持ち、心情、エモーショナルな基盤ですね、そこを受け止めあうことがとても大切になってきます。

**純子** 子どもと語り合うなかで一緒に、最善を創っていく。そのためには、パターーナリズムや「保護の児童観」を乗り越えていくことが必要になってくる、ということですね。

**吉永**　ええ、一緒に創っていく、そこが大切です。そこで留意を要するのは、子どもの権利は「生きる権利」「育つ権利」「守られる権利」「参加する権利」の４つだと、よく説明されますが、けれど４つは並列ではなく、基盤となるのは「参加する権利」なんだということです。

　「生きる」も「育つ」も「守られる」も保障されてこなかったから、だから「参加する権利」が必要となったのです。こうした歴史的な成り立ちをしっかりと理解し認識していけば、子どもの意見を尊重するということの、実践的な意味と方法が見えてくるのではないでしょうか。

## 子どもの意見表明・参加から生まれる エンパワメント

**純子**　吉永さんはご著書『子どものエンパワメントと子どもオンブズパーソン』のなかで、子どもオンブズパーソン制度が子どものエンパワメントにつながるとおっしゃっています。その指摘に、私はとても関心を持ちました。子どものエンパワメントが、どのようにして成り立つのか、ぜひお聞かせください。

**吉永**　それは子どもオンブズパーソン制度の最も重要な特質の１つですね。この制度を検討し始めた当時、つまり、子どもの権利条約が日本で批准された90年代ですが、あのころの状況として、たとえば子どもが「わたしいじめられてる」と口にしたとき、学校の先生やおとなたちか

らは往々にして、「だけどあなたにも、なにか問題はないの？」といっ
た反応が返ってくる、そんな現実がありました。

　子どもが力をふりしぼって意見表明しても、おとなたちは子どもの個
人的で私事的な次元でとらえがちだということです。個人的・私事的な
問題として返された子どもは「わたしのせいなんだ」と自分を責めた
り、「もうわたし何も言わない」と決心したりして、パワーレス状態に
追いやられていきます。

　それに対して、子どもオンブズパーソンはすでにお話ししましたよう
に、「子どもの最善の利益」のみに関心を持って、子どもの話を聴く公
的第三者機関です。それゆえ公的第三者機関が子どもから聴いて受け止
めた問題は、公的に、社会的に、何らかの打開されるべき課題となりま
す。そして、子ども自身も、問題解決の主体のひとりとして参加するこ
とになります。

　訴えてきたのはひとりの子どもかもしれませんが、公的第三者機関が
その問題提起を受け止めて、その最善の利益をめざして取り組むこと
は、その他の多くの「子どもの最善の利益」にもつながっていくわけで
す。つまり、子どもが置かれている環境を、学校や社会を、よりよく変
えていく、制度改善などへとつなげていく。そこにオンブズパーソンの
公的第三者機関たる意義があるわけですね。

　問題の原因を当事者の個人の資質や能力、責任などに求める、いわゆ
る「個人モデル」ではなく、その個人の置かれている環境や社会をより
よく変えていこうとする「社会モデル」のアプローチを採るのが子ども
オンブズパーソン制度なのです。

このようなオンブズパーソンとのかかわりを通して、子どもは個人的・私事的な問題と思っていたことが、じつは他の子どもたちにもかかわる、公共的で社会的な課題だったんだと気づいていくわけです。つまり、子どもは意見表明をとおして、周囲や社会をよりよく変えていく取り組みに自分も参加しているんだと気づきます。「自分ひとりがまんすればいいと思っていたことが、じつはみんなの役に立つことだったんだ」という気づきです。子どもは自己存在の社会的意味を見出し、自己肯定感や自尊感を豊かにしていきます。それがエンパワメントです。

　エンパワメントとは、誰かに元気をもらうことではありません。自分自身の当事者としての主体を回復していくことです。子どもは問題の打開や解決に参加する主体のひとりとして、オンブズパーソンに受け止められることをとおして、子ども自身もまた、自分をとらえ直していきます。そのような経験のなかで、子どもは権利の全面的主体としての自己を回復していく、そこにエンパワメントが生まれる、ということです。

　もう1つ大事なことは、そのような子どもとのかかわりをとおして、おとなたちもまた、エンパワーしていけるということです。

**純子**　子どもと一緒になって社会を変えていく、そこにエンパワメントが生まれてくる。すてきなことですよね。ワクワクしてきました。

　子どもたちの抱える問題は深刻に語られることが多いですが、それは個人的で私事的な次元でのみ問題がとらえられがちだから、かもしれません。そうじゃなくて、問題や課題への取り組みが、子どもの、また私たちのエンパワメントにつながるんだと考えれば、もっと希望が見えてきます。

　世の中のおとなたちは、子どもを問題解決の主体、おとなのパートナーとして受け止められれば、もっと明るい展望を持って、子どもたちとかかわっていけるんだと思いました。

**吉永**　そうですね。私は「川西市子どもの人権オンブズパーソン」の事務局を５年ばかり担当するなかで、多くの子どものエンパワメントを目の当たりにしてきました。それはすべて共通して、子ども自身が主体となって社会とポジティブに関係しあえることを知った、その経験から生まれてくる子どもの姿でした。

　学校や社会の仕組みを変えようと試みるよりも前に、まずその体制への適応を個々人に求める、そのような「個人モデル」をとる限りは、エンパワメントは生まれてきません。学校や社会の仕組みをよりよく変えていこうとする社会モデルアプローチだから、そこに参加する主体のひとりとなったとき、エンパワメントが生まれてくるのです。

**純子**　別の機会に障害者の問題についてうかがったときにも、障害者の生きづらさの原因を個人の心身機能に求める「医療モデル」から、社会の仕組みに原因を求める「社会モデル」に変わってきたとお聞きしました。いまの吉永さんのお話と重なるところがあります。人がもともと持っている自然の権利は必然的につながっているんだと感動しました。

**吉永**　権利という概念は、かつては一部の特権的な権利であったり、義務との交換でしか認められない権利であったりしました。それは封建時代の身分差別の制度や社会を維持する上で都合のいい権利概念でした。

　しかし、今必要となっているのは、誰もが持っている人権を具体的に尊重し保障する、そのための権利なんですね。そういう意味において

は、障害者の権利、子どもの権利と別々にあるわけではない、人権を保障するための権利としてつながってきますね。

**純子**　私はこれまでインクルーシブ教育の普及や少人数学級の提言などに関心を持ち、いまは大阪市への子どもオンブズパーソン制度や子どもの権利条例の導入を働きかけていますが、今日の吉永さんのお話で、すべての取り組みが密接に関係しあっていることを再確認しました。何かひとつの解決をめざすだけでは、すべてが解決しないんですよね。

**吉永**　「すべての取り組みが密接に関係しあっている」と見えてくるのは、純子さんが社会モデルアプローチの視点に立たれたからですね。「個人モデル」だと、さまざまな事象のつながり、それらの相関がなかなか見えてきません。でも体制側にはそのほうが都合よいわけです。だから「個人モデル」は個々人の規範や責任を強調します。が、社会の仕組みそのものは改善されてはいかないわけです。

**純子**　困難ではあるけれど、専門家に任せてばかりでもいけないし、学校に任せてばかりでもいけない。よりによって、子どもたちのやる気に任せるなんてことは絶対によくない。より多くの保護者や先生方、地域の人たちが、社会を構成する一市民としてかかわっていかなければならないと思います。

**吉永**　そうですね、行政機関やいわゆる専門家だけでは対応できない問題が、ことに子どもをめぐる問題では少なくありません。とりわけ、子ども自身の参加が必要なのです。そのためにも、子どもを含む市民社会の役割が、ますます重要になってきているといえます。そういう点では、今日の話はさらに子どもの権利条例をどうつくるか、また学校教育

の問題にどう取り組むか、といった課題にもつながっていきます。

**純子** 本当にそうですね。今日はお話をうかがって、あきらめずにこれからも声をあげ、子どもの参加を支援しながら、少しでも子どもたちが生きやすい世の中を、子どもたちとともに創っていきたいと、改めて感じました。ありがとうございました。

**プロフィール**

## 吉永 省三さん

　1952年京都市生まれ。国連NGO子どもの権利条約総合研究所研究員。公益社団法人子ども情報研究センター理事。泉南市子どもの権利条例委員会会長。博士（人間科学／大阪大学）。

　1977年から兵庫県川西市で中学校教員、同市教育委員会事務局職員を経て2006年から千里金蘭大学教授（2022年3月退職）。川西市教委在職時に日本初の子どもオンブズパーソン制度の設計と創設、運営に携わる（1994〜2004年）。著書に『子どものエンパワメントと子どもオンブズパーソン』（明石書店）、『子ども支援の相談・救済─子どもが安心して相談できる仕組みと活動』（共著、日本評論社）など。

## 著者プロフィール

## 佐々木サミュエルズ 純子

長野県生まれ。2022年現在大阪在住。2人の男児の母。夫はニュージーランド人でもあり英国人でもある（が、本人はニュージーランド人だと思っている）。1990年代にイギリスの大学に入学し卒業後は現地で就職。その後、永住権を取得し現地に骨をうずめるつもりで生活していたが、縁あって結婚した夫のたっての希望で日本に移住。移住して間もなく長男を妊娠・出産。わくわく育ちあいの会代表（旧・インクルーシブ教育をすすめる会）。子育てと仕事に奮闘する毎日で趣味がないのが悩み。会の定例会や地域の保護者のボランティア活動などで人に会って癒されている。

### 子どもたちはみんな多様ななかで学びあう
#### いま求められるインクルーシブ教育

2022年4月20日　初版発行
2023年10月1日　第2版発行

著者　　　　佐々木サミュエルズ 純子
発行者　　　岩本 恵三
発行所　　　株式会社せせらぎ出版
　　　　　　https://www.seseragi-s.com
　　　　　　〒530-0043
　　　　　　大阪市北区天満1-6-8　六甲天満ビル10階
　　　　　　TEL 06-6357-6916　FAX 06-6357-9279

編集協力　　米谷 千恵
印刷・製本　モリモト印刷株式会社

ISBN 978-4-88416-303-7 C0037